류승재 특급 비법

진짜수학
공부법

초판 1쇄 발행 2023년 1월 25일
초판 6쇄 발행 2024년 1월 25일

지은이 류승재

발행인 장상진
발행처 (주)경향비피
등록번호 제2012-000228호
등록일자 2012년 7월 2일

주소 서울시 영등포구 양평동 2가 37-1번지 동아프라임밸리 507-508호
전화 1644-5613 | **팩스** 02) 304-5613

ⓒ류승재

ISBN 978-89-6952-530-7 13370

수학 핵심 공략법 & 수학 공부 로드맵

류승재 특급 비법

진짜 수학

공부법

◆ 류승재 지음 ◆

경향BP

어느덧 중학생이 된 제 자녀들을 보면 사춘기가 와서 그런지 아빠 말을 잘 안 듣습니다. 공부에 대한 조언을 해 줘도 한 귀로 듣고 한 귀로 흘리곤 합니다. 그러다 보니 수학 공부나 공부 전반에 대해 도움을 주고 싶어도 잔소리가 되는 것 같아 안타까웠습니다.

학원에서 아이들을 가르칠 때는 부모가 아니라 선생님이기 때문에 훨씬 자유롭게 수학 공부에 대한 조언을 해 줍니다. 그러나 이런 조언에도 아이들의 행동은 쉽게 바뀌지 않았고, 아이들은 저의 공부법 관련 조언을 잊어버리기 일쑤였습니다.

이런 상황에서 저는 아이들이 가방 속에 혹은 책꽂이에 꽂아 놓고 필요할 때마다 꺼내 볼 수 있는 수학 공부법 책이 있으면 좋겠다는 생각을 했습니다. 제 자녀들에게도 잔소리하는 대신 모든 것이 안내되어 있는 공부법 책을 책꽂이에 꽂아 두기면 하면 되니까요.

그런 의도로 이 책을 집필하게 됐습니다. 수학 공부법과 관련한 구체적인 내용들, 나아가서는 공부법과 관련 있는 전반적인 내용을 책에 실었습니다. 아이들이 수학 공부를 하다가 개념 공부하는 방법이나 문제 푸는 방법 혹은 오답 정리하는 방법이 궁금할 때 이 책을 꺼내 필요한 부분만 읽고 실천하면 되게 구성했습니다.

스스로 책을 읽고 실천할 수 있는 초등 고학년 이상 중·고생들에게 맞춰 가급적 쉽고 구체적으로 공부법을 서술하려고 노력했습니다. 그래야 아이들이 책을 읽고 하나씩 실천해 볼 수 있으니까요.

이 책은 단순히 한 번 읽고 끝내는 책이 아니라 궁금할 때마다 꺼내 읽으며 실천하는 공략집 혹은 설명서에 가깝습니다. 사교육 도움 없이 혼공을 하는 학생들에게는 '수학 공부의 바이블' 역할을 해 줄 것이고, 학원을 다니는 아이들에게도 사교육에서 채워 주지 못하는 부분을 메워 줄 수 있을 것입니다.

특히 이 책은 수학을 어려워하는 학생들을 위한 책입니다. 성적이 우수한 상위권 학생들은 공부를 해 나가면서 효율적이고 올바른 공부법을 스스로 터득하곤 합니다. 그러나 중·하위권 학생들은 공부법 자체를 몰라서 비효율적으로 시간만 낭비하여 노력 대비 성적이 오르지 않습니다. 이런 학생들 중 일부는 수포자의 길로 갈 수도 있고, 일부는 중·하위권 실력을 유지하는 평범한 학생이 될 수도 있습니다.

중·하위권 학생들이 상위권으로 진입하기 위해서는 효율적이고 올바른 방법으로 공부를 해야 합니다. 따라서 이 책에서는 수학 때문에 힘들어하는 학생들이 어려운 수학을 극복하고 수학을 잘할 수 있는 방법을 제시합니다. 이를 통해서 고등학교에서는 상위권으로 진입할 수 있는 토대를 만들 수 있을 것입니다.

이 책의 구성은 다음과 같습니다.

1장에서는 교육학, 인지심리학, 뇌과학, 학습과학에서 검증된 가장 효과적인 공부법에 대해 설명했습니다. 아울러 수학을 잘하기 위한 구체적인 수학 공부법과 상위권을 따라잡기 위한 효율적인 학습 로드맵을 제시해서 선행과 심화를 동시에 잡을 수 있는 방법을 소개했습니다.

2장에서는 아이들이 수학을 못하는 이유와 그것을 극복하는 방법, 그리고 수학이라는 과목에 대한 이해를 넓힐 수 있는 내용들을 서술했습니다.

3장에서는 1장에서 소개한 공부법을 수학 공부에 실제로 적용하는 방법과 수학 공부 로드맵을 제시했습니다.

4장에서는 3장에서 제시한 수학 공부법을 구체적으로 자신의 상황에 맞게 적용하는 방법을 정리했습니다. 학원을 다니는 경우는 수학 학원을 선택하는 방법과 잘 다니는 방법을 소개하고, 혼공으로 공부하는 경우는 어떤 로드맵으로 공부할지를 서술했습니다.

5장에서는 고등 수학을 공부하기 위해 꼭 알아야 하는 초·중등 핵심 수학 개념을 정리했습니다.

중학교 시절은 새로운 격변의 시기입니다. 초등 수학과는 차원이 다른, 문자와 식을 이용한 복잡한 수학을 새롭게 배우게 됩니다. 초등 시절에 수학을 잘했다 하더라도 언어 능력과 개념 이해력이 떨어지는 아이들은 중등 수학부터 뒤처지기 시작합니다. 아울러 초등 시절에 잘못된 방식의 심화를 한 아이들도 중등 수학에서 밀려납니다.

잘못된 방식의 심화라는 것은 심화 교재에 있는 대부분의 문제를 시간이 걸리더라도 스스로 푸는 것이 아닌, 선생님 설명을 듣고 모르는 것은 별표 치고 질문하는 방식으로 공부하는 것을 뜻합니다. 누가 더 열심히 성실하게 공부하느냐가 중등 수학을 판가름한다고 생각하면 됩니다. 이 책을 통해 수학에 자신이 없는 학생들이 중등 수학을 잘 헤쳐 나가서 고등부터는 모두 수학 잘하는 학생이 되기를 기원합니다.

류승재

차례

점수가 나오는 진짜 수학 공부법

 진짜 수학 공부법 적용 사례

중·고등 과정에 꼭 필요한 초·중등 필수 수학 개념

 수학 공부법 핵심 정리 • 243

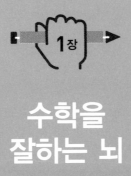

수학을
잘하는 뇌

대부분의 교육학 관련 서적은 학생들을 대상으로 한 실험 결과를 이용합니다. 그 실험 결과는 단기간에 정리한 것도 있고, 아주 오랫동안의 변화를 관찰한 것도 있습니다. 다양한 학습적 모델을 실험하고, 그 통계 자료를 가지고 어떤 방식이 학습에 더 효과를 미치는지 점검하고 그것을 이론으로 만들어 왔습니다.

최근에 활발히 연구되고 있는 뇌과학은 과학의 발전을 이용하여 실제 뇌를 관찰하고 뇌의 변화를 탐구합니다. 그리고 동물 실험을 통해 좀 더 정교하게 이론을 점검했습니다.

교육학의 연구는 실제 학생들을 대상으로 한 실험 결과를 토대로 하므로 유의미하지만 통계 자료라는 한계를 갖습니다. 그에 비해 뇌과학은 말 그대로 과학적으로 검증된 결과이므로 좀 더 설득력이 있고 유의미합니다.

이런 뇌과학과 교육학의 유의미한 결과들과 검증된 결과들을 정리한 책들이 학습과학이라는 이름으로 시중에 나와 있습니다. 학습과학은 뇌과학에서 과학적으로 검증되고, 교육학에서 통계적으로 확인된 학습에 대한 유의미한 결과를 다룹니다. 교육학이든 뇌과학이든 학습과학이든 공통적인 것은 효과적인 학습법이란 것이 무엇인지에 대해서 다룬다는 것입니다.

자, 그럼, 공부를 잘하기 위해서는 어떻게 해야 할까요?

공부를 열심히 하면 됩니다. 남들보다 더 많이 하면 됩니다. 공부를 많이 하다 보면 자연스럽게 좀 더 효과적인 공부법들을 생각하게 되고, 다양한 방식을 실험하여 자기에게 가장 잘 맞는 공부법들을 찾아갑니다. 그래서 우문현답일 수 있지만, 공부를 잘하는 방법은 공부를 열심히 하는 것입니다.

이 책을 읽는 독자들은 공부를 잘하고 싶을 것입니다. 좀 더 효율적이고 효과적인 공부법을 시행착오 없이 빠르게 얻고 싶어 이 책을 선택했을 것입니다. 이 책은 공부, 그중에서도 학생들이 가장 어려워하는 수학을 잘하는 공부법을 다루고 있습니다.

또한 구체적인 수학 공부법부터 시작해서 뇌과학과 학습과학의 최근 연구들을 이용한 수학 공부법도 다루고 있습니다. 이 책은 책장에 꽂아 두고 필요할 때마다 펼쳐 보면서 궁금한 것을 하나씩 알아 가고 익히는 '수학 공부의 바이블' 또는 '수학 사전'의 성격을 띠고 있습니다.

공부를 잘하는 아이들이 스스로 열심히 공부하면서 터득한 내용들을 이 책에 담았으니 아직 그것을 터득하지 못한 학생들은 이 책을 보고 뇌의 작동 원리를 이용한 효과적인 수학 공부법을 배울 수 있기 바랍니다.

뇌의 작동 방식을 알면
수학을 잘할 수 있다

뉴런은 뇌를 구성하는 작은 세포를 뜻합니다. 아마 과학 시간에 배운 학생들도 있을 것입니다. 사람의 생각이라는 것은 뉴런에서 뉴런으로 전달되는 전기 신호로 만들어집니다. 시냅스는 뉴런과 뉴런 사이에 있는 좁은 틈을 뜻하는데, 뉴런은 시냅스에 의해 연결되어 있습니다.

뇌에 있는 뉴런의 개수는 수천억 개이고, 수백조 개의 시냅스 연결을 만들어 냅니다. 뉴런의 변화에 따른 시냅스의 생성은 학습에 의하여 이루어지고, 학습에 의하여 생긴 시냅스를 장기기억이라고 합니다.

시냅스 사이에서 전기 신호가 잦을수록 여러 뉴런이 연결되어 강력한 뇌 연결망이 형성됩니다. 예를 들어 수학에서 새로운 개념을 배우면 그 개념을 이해하기 위해 뇌가 활발히 움직이게 되고, 그 개념과 관련된 여러 뉴런이 시냅스에 의해 연결됩니다. 처음 배우면 연결들이 약한데, 계속 연습하면 뉴런과 시냅스의 수가 늘어나고, 시냅스에 흐르는 전기신호도 커지게 되어 뇌 연결망이 점점 튼튼해집니다.

결국 공부를 잘하는 방법은 계속 복습하고 연습하여 새롭게 배우는 개념을 뇌 속에 강력하게 연결시키는 것입니다. 이때 새로운 개념을 더욱 쉽게 받아들이는 방법은 이미 알고 있는 개념과 연결해서 이해하는 것입니다.

예를 들어 여러분이 함수를 배운다면 머릿속에 이미 알고 있는 개념인 음료수 자동판매기와 연결하여 함수의 개념을 받아들이는 것입니다. 음료수 자동판매기는 버튼을 누르면 무조건 하나의 음료수가 나옵니다. 버튼을 눌렀을 때 음료수가 안 나오는 경우도 없고 2개가 나오지도 않습니다. 이 원리는 함수의 정의와 비슷합니다.

새로운 개념을 배울 때 이처럼 이미 내 머릿속에 알고 있는 내용을 사용하면 개념을 더욱 쉽게 이해할 수 있습니다. 결국 공부라는 것은 새롭게 배우거나 이미 배운 것들을 꾸준한 연습과 복습을 통해 뇌 속에 강력하게 연결시키는 작업입니다. 강력하게 연결된다는 것은 장기기억에 저장되어 있다는 말과 비슷한데, 이 상태가 되어야 필요할 때마다 머릿속에 있는 개념을 끄집어 낼 수 있습니다.

간혹 교재는 잘 푸는데 시험을 못 보는 학생이 있습니다. 이 학생은 교재 내용이 뇌 속에 강력하게 연결되어 있지 않기 때문입니다. '강력하게 연결되어 있다.'는 것은 교재를 보지 않고도 그 내용을 설명할 수 있다는 말과 같습니다.

뇌 속의 작동 원리가 이렇다면 수학을 잘하기 위해서는 어떻게 해야 할까요? 새롭게 배우는 수학 개념들이 머릿속에 잘 저장되어 있어야 합니다. 그러기 위해서는 기존에 알고 있는 개념을 이용하여 새로운 개념을 이해하는 노력도 필요하고, 주기적인 복습과 많은 연습도 필요합니다. 이 모든 것에 필요한 것은 여러분의 노력입니다. 이 책에서는 좀 더 효율적으로 노력하는 방법을 알려 주겠습니다.

수학 개념 공부를
효과적으로 하는 방법

새로운 수학 개념을 공부할 때는 먼저 '훑어보기'를 합니다. 새롭게 공부해야 하는 파트를 책장을 넘겨 가며 그림 위주로 훑어봅니다. 그림 위주로 보는 이유는 우리의 뇌는 활자보다 그림이나 장면을 더 잘 기억하기 때문입니다.

훑어보기가 끝나면 '정독하기' 또는 '개념 듣기'를 합니다. 개념 독학을 먼저 할 거면 '개념 정독하기'를 하고, 강의를 들을 거면 '개념 듣기'(인강)를 합니다.

전체적인 개념을 읽거나 들으면서 필요한 내용은 연습장에 낙서하듯이 쓰면서 공부합니다. 여기서 핵심은 베껴 쓰는 것이 아니라 필요하거나 중요한 내용만 낙서하듯이 정리하는 것입니다. 뇌와 손은 상호 연결되어 있어서 낙서하듯이 중요 내용을 적으면 그 내용을 이해하거나 암기하는 데 도움이 됩니다.

특히 책을 읽을 때는 조용히 눈으로 읽는 것보다 소리 내서 읽는 것이 학습 효과가 큽니다. 소리 내서 읽으면 단어들이 눈에 들어오고, 소리를 낸다는 것은 자기 자신에게 말하는 활동이기 때문에 능동적으로 정보를 획득할 수 있습니다. 시각 정보와 음성 정보 2가지를 동시에 사용하기 때문에 학습 효과가 높습니다.

개념을 스스로 읽을 때는 주도적으로 개념을 정리하고 속도를 조절할 수 있지만, 강의를 들을 때는 교습자의 속도에 맞춰서 강의를 들으므로 수동적이 됩니다. 더군다나 들으면서 말하는 활동은 듣는 것을 방해하기 때문에 힘듭니다. 이럴 때는 잠깐 강의를 멈추고 강의 내용을 말로 정리하며 연습장에 쓰거나 옆에 있는 사람에게 설명하는 것도 괜찮습니다.

예를 들어 동영상 강의를 듣다가 정수의 곱셈에 대한 내용을 한 번 정리할 필요성을 느꼈다면 강의를 정지하고 연습장에 낙서한 내용을 보며 친구나 엄마에게 설명합니다.

"왜 음의 정수끼리 곱하면 양수가 되는지 알아?"

"아니, 모르겠는데….”

"내가 설명해 줄게. 왜 −3이랑 −2랑 곱하면 6이 되냐면….”

마지막으로 배운 내용을 복습합니다. 복습하기의 가장 좋은 방법은 다시 읽는 것이 아니라 머릿속에 떠올려 보는 '회상하기'입니다. 시험 보듯이 하얀 백지에 쓰는 개념 테스트도 좋은 방법입니다. 이것들을 뇌과학에서는 '인출하기'라고 부릅니다.

인출하기의 끝판왕은 '설명하기'입니다. 친구나 자기 자신에게 어떤 개념을 설명하면 이해도 잘되고 장기기억에도 잘 저장됩니다. 따라서 평소에 배우거나 공부한 것을 잘 잊어버린다면 그 내용을 누군가에게 설명한다고 생각하고 개념을 공부하면 효과적입니다.

왜 금방 배운 것도
잊어버리는 걸까?

배운 것을 금방 잊어버리는 것은 공부한 내용이 장기기억에 저장되지 않아서입니다. 장기기억에 저장하기 위해서는 공부가 끝난 후 회상하기 위주의 인출 연습이 필요합니다.

회상하기란 마치 시험을 보듯이 공부한 내용을 머릿속에 적극적으로 떠올리는 행위를 뜻합니다. 다시 읽거나 단순히 복습하는 것과는 다릅니다. 뇌는 이런 식의 적극적 회상하기에 의해서 공부한 것을 오랫동안 기억합니다. 혼자서 회상하기가 어렵다면 누군가가 물어보고 대답하는 방식의 설명하기도 좋습니다. 아니면 백지에 공부한 것을 떠올리며 쓰는 것도 좋습니다.

수학 공부를 하다 보면 머릿속에 저장된 개념을 필요할 때마다 끄집어내는 것이 중요합니다. 교과서나 필기한 내용을 수동적으로 보는 것은 내용이 머릿속에 들어간 느낌은 들지만, 그것은 착각에 불과하다고 뇌과학자들은 말합니다. 내가 원할 때 쉽게 끄집어내서 사용하기를 바란다면 평상시에 공부를 하고 끄집어내는(인출) 연습을 해야 합니다.

특히 시험 보는 것과 비슷한 회상하기 연습은 잊어버릴 때쯤 반복해서 하는 게 효과적입니다. 시간 간격을 두고 반복 연습을 하면 잊어버리고 외우기를 반복하는 과정에서 배운 내용이 장기기억으로 굳어지게 됩니다.

장기기억 향상에 도움이 되는 방법 중에 스스로에게 질문하기가 있습니다. 공부를 하다가 정교한 질문을 계속 던지며, 개념에 대해 정확히 알아 갑니다. "이게 왜 성립하지?", "어째서 그렇지?", "어떻게 유도할까?" 이런 식으로 스스로 납득하면서 공부하는 습관이 필요합니다.

수학의 개념 중에는 정의definition와 정리theorem가 있습니다. 정의는 "두 쌍의 대변이 평행한 사각형은 평행사변형이다."와 같이 용어의 뜻과 비슷합니다. 따라서 정의는 그냥 암기의 대상입니다. 반면에 정리는 어떤 공식이 성립하는 원리에 가깝습니다. 예를 들어 "평행사변형의 대각선은 서로 다른 것을 이등분한다."라는 것이 정리입니다. 이 정리는 평행사변형의 정의와 기존에 알고 있는 삼각형의 합동 조건 등을 이용해서 증명할 수 있습니다.

정리를 증명하는 행위 자체가 고도의 수학적 활동이므로 정리의 증명은 스스로 할 수 있도록 충분한 연습을 해야 합니다. 정의를 암기하고 정리를 증명할 수 있으면 제대로 납득하면서 수학을 공부하는 상태이고, 이렇게 되면 기본 문제/응용 문제/심화 문제를 잘 풀 수가 있습니다.

단순히 공식을 외우고 개념을 받아들이는 것이 아니라 그것이 성립하는 이유에 대해 궁금해하는 것이 필요합니다. 이렇게 "왜?"라는 질문을 던지고 생각해 보는 행위는 어떤 개념을 기억하게 하는 데 2배 이상 효과적입니다.

단순히 반복해서 읽거나 형광펜으로 밑줄을 긋는 행위는 장기기억 향상에 도움을 주지 않습니다. 그런 행위는 내가 알고 있다는 착각은 불러일으키지만 공부한 정보들이 뇌에 저장되는 데 크게 도움을 주지는 않습니다.

에빙하우스의 망각곡선에 의하면, 무언가를 처음 배우고 20분이 지나면 배운 것의 42%를 망각한다고 합니다. 하루가 지나면 70%를 잊어버립니다. 따라서 자주 복습을 해 주는 것이 장기기억에 저장시키는 좋은 방법입니다. 그러므로 하루에 수학을 7시간 공부하는 것보다는 1시간씩 7일을 공부하는 것이 더욱 효과적입니다. 매일매일 공부하면서 복습이 되기 때문에 빨리 망각되는 것을 방지할 수 있습니다.

최근 교육학 연구에 의하면 잊어버릴 때쯤 복습하는 것이 효과가 좋다고 합니다. 따라서 수학 1단원을 공부하고 2단원을 배울 때 다시 1단원을 복습하는 것이 좋습니다. 마찬가지로 3단원을 배울 때는 처음부터 누적해서 1단원, 2단원을 복습하는 것이 좋습니다.

이런 식으로 매번 배운 단원을 누적해서 공부하면 잊어버릴 때쯤 복습이 되어 공부한 것이 장기기억에 남게 됩니다. 특히 이런 방식은 수학을 못하는 학생이나 수포자 학생들에게 효과적입니다. 어쩌면 수학을 못하는 학생들은 수학 공부하는 방법을 제대로 몰라서 못했을 가능성이 높습니다.

잠을 푹 자야
수학 공부에 도움이 된다?

인간은 무언가를 배운 후 잠을 자면 뇌 속의 뉴런에 큰 변화가 일어난다고 합니다. 자는 동안 공부한 내용이 뇌에 튼튼하게 연결되고, 장기기억에 저장된다고 합니다. 그래서 저는 학원에서 가르치는 학생들에게 자기 전에 그날 배운 것을 떠올리며 노트에 정리하고 그것을 '과제 올리기 카페'에 사진을 찍어 업로드하라는 숙제를 내줍니다.

이 숙제를 가급적 잠자기 바로 직전에 하라고 하는데 인간의 뇌는 모든 정보를 다 저장하지는 않기 때문입니다. 뇌의 '해마'라는 부위에서 낮에 입력된 정보 중 대부분을 삭제하고 중요하다고 판단되는 정보만 보관한다고 합니다. 그러면 뇌가 중요하다고 판단하는 기준은 뭘까요? 여러 가지가 있겠지만 반복적으로 들어온 정보들은 중요하다고 판단합니다.

따라서 공부한 내용을 잊어버리지 않기 위해서는 자기 전에 여러 번 반복하고 복습하는 것이 필요합니다. 매일매일 공부한 내용을 복습하면 뇌는 잠 잘 때마다 공부한 내용을 뇌에 저장합니다. 특히 머릿속에서 어떤 정보를 자꾸 끄집어내다 보면 나중에는 자연스럽게 떠오르게 되는 단계를 맞게 됩니다. 그러므로 공부할 때 기억이 잘 나지 않아도 바로 책을 펼치지 말고 회상하기 기법을 적극적으로 이용해 최대한 머릿속에서 끌어내려고 노력하는 것이 중요합니다.

어렵고 복잡한 수학 내용을 공부할 때는 자기 전에 백지에 한 번 써 보면서 복습하고, 침대에 누워서 머릿속으로 떠올리면, 해마는 이것이 중요한 정보라고 생각해서 절대로 삭제하지 않게 됩니다.

공부하기가 너무 싫다면

여러분들이 만약 공부를 못한다면 그 이유는 뭘까요?

공부를 많이 하지 않아서입니다.

그러면 왜 공부를 많이 하지 않을까요?

하기 싫어서입니다.

그러면 하기 싫은 것을 어떻게 하면 열심히 할 수 있을까요?

인간의 뇌는 하기 싫은 일을 하면 고통을 느끼는 부위가 활성화되어 실제로 고통을 느낀다고 합니다. 그래서 하기 싫은 일을 억지로 하면 더욱 하기 싫어지고 고통스러워지는 것입니다.

그러나 신기하게도 막상 하기 싫은 일을 시작하고 나면 20분 후에 고통이 사라진다고 합니다. 왜냐하면 하기 싫은 일을 일단 시작했다는 사실에 만족감을 느끼기 때문입니다. 따라서 공부하기 싫을 때 제일 좋은 방법은 일단 공부를 시작하는 것입니다. 20분이 지나면 공부하는 것이 힘들지 않다는 것을 느낄 수 있을 것입니다.

그래서 저는 "Stop Thinking, Just Do It!(생각하지 마, 그냥해!)"이라는 말을 아주 좋아합니다. 뭔가 변화를 원하면 생각이나 고민만으로는 되지 않습니다. 되든 안되든 일단 실천을 해야 합니다.

"내가 공부하면 과연 성적이 오를까? 1등급을 받을 수 있을까? 어차피 해도 안 되는 것 아니야."

이런 고민할 시간에 일단 공부를 해 보는 것입니다. 처음부터 잘하는 사람은 없습니다. 처음부터 1등급에 올라간 사람도 없습니다. 일단 공부를 하다 보면 점점 변하는 자신을 느낄 것입니다. 그러다 보면 성적이 조금씩 오르고 작은 성취감을 맛보면서 자신감이 생길 것입니다.

어느새 '정말 이러다 1등급이 되는 것 아닐까?'라는 생각이 스멀스멀 생겨납니다. 그런 생각들이 더욱더 자신감을 갖게 만들고 공부를 열심히 하게 만드는 원동력이 됩니다. 그렇게 하다 보면 어느새 1등급에 오르게 됩니다.

그래서 여러분들이 지금 당장 해야 하는 것은 생각이 아니라 실천입니다. 지금 당장 책상에 앉으세요. 그리고 공부를 시작하세요.

자기 자신을 믿지 마라

여러분은 열심히 공부를 해야겠다는 생각은 있는데, 막상 실천하지 못하는 본인의 모습을 자주 목격하지 않나요?

예전에 재수 종합반에서 수업을 진행할 때, 한 학생이 자습실 책상에 붙여 놓은, 자기 자신을 비난하는 메모를 본 적이 있습니다. 의지가 약한 자기 자신에 대해 온갖 욕설로 비난하는 내용이었습니다. 이 학생 말고도 군대를 갔다 와서 20대 후반인데도 열심히 공부하지 않는 학생도 봤습니다. 도대체 왜 이런 일이 벌어질까요? 열심히 해야 한다는 것을 뼈저리게 알고 있는 나이 많은 N수생들조차도 왜 열심히 공부를 하지 못할까요?

사람들이 어떤 것을 해야겠다고 생각했을 때 실제로 실천하는 비율은 3% 이하라고 합니다. 그래서 세상에서 특별한 성공을 거두는 사람이 많지 않은 것입니다. 대부분의 사람은 생각만 하지 실천하지 않습니다. 그 이유는 우리 유전자에 입력된 정보 때문이라고 합니다.

우리의 유전자는 원시 시대 생존에 유리한 방식으로 행동하도록 프로그램되어 있다고 합니다. 다른 말로 하면 원시 시대에 살아남은 선조들의 유전자를 우리가 이어받았다는 것입니다. 인간은 생명을 유지하기 위해 되도록 변화를 피하고 현재 상태를 유지하려고 하는 본능을 갖고 있습니다. 즉 내가 게으른 것은 의지박약이어서가 아니라 인간이 에너지를 적게 쓰는 방식으로 진화되었기 때문입니다.

에너지를 많이 쓸수록 더욱 많은 영양분과 음식을 섭취해야 하기 때문에 음식이 부족한 원시 시대에는 생존 외의 활동은 굉장히 위험한 일이었습니다. 특히 뇌는 크기는 작지만 생명 유지에 필요한 여러 가지 필수 기능을 담당하기 때문에 우리 몸에 필요한 에너지의 20%를 사용합니다. 따라서 우리 몸은 가급적 생명 유지를 제외한 다른 부분에는 뇌를 사용하지 않으려고 합니다.

공부는 많은 에너지가 필요한 일이고, 머리를 쓰지 않는 것은 우리 몸의 본능이기에 공부하는 것이 싫은 것은 당연한 일입니다. 그러나 현대 사회에서는 많은 음식과 영양분으로부터 충분한 에너지를 공급받을 수 있기 때문에 머리를 많이 사용해도 생명에 지장이 없습니다. 그러므로 이제는 원시 시대에 길들여진 우리 몸의 작동 방식을 버리고 과감하게 뇌를 쓰며 공부하고 에너지를 사용해도 됩니다.

원시 시대에 긍정적이고 실천적인 사람들은 위험한 모험을 무릅쓰다가 대부분 생존하지 못했습니다. 먹을 것이 없을 때 위험한 동물을 사냥하다가 잡아 먹혔고, 기후 변화로 거주지를 옮길 때도 과감하게 행동하다가 급격한 환경의 변화에 적응하지 못하고 멸종됐습니다. 따라서 고민이 많고 망설이고, 부정적이고 비판적인 유전자를 가진 사람들이 살아남아서 우리에게 유전자를 물려준 것입니다.

우리는 그런 유전자에 의해 현대 사회에는 원시 시대 같은 위협이 없는데도 행동하거나 실천하기보다는 뜸들이고 부정적이며 행동하기를 꺼려합니다. 다이어트가 힘든 이유도 이와 비슷합니다. 우리의 유전 정보는 원시 시대와 다르게 음식이 풍족한 시대에 사는데도 불구하고 음식이 있으면 많이 먹어 저장하게 합니다. 저장의 효율적인 방식이 지방이므로 섭취한 잉여의 칼로리를 지방으로 저장합니다. 그래서 배가 나오고 살이 찝니다.

그러는 이유는 원시 시대에는 음식을 구하기가 힘들었기 때문에 사냥을 통해 음식이 생겼을 때 최대한 많이 먹고 그것을 저장하려고 했던 것과 관련이 있습니다. 이것이 우리가 폭식을 하고 살이 찌는 이유입니다.

어떻게 보면 여러분은 몸에 저장된 유전자 정보에 따라 프로그램된 대로 정직하게 행동했을 뿐입니다. 따라서 여러분은 본인의 행동이 자신의 의지나 생각의 결과라고 여기고 좌절할 필요가 없습니다. 그것은 그냥 몸속에 프로그램된 유전자 정보로 인해 나타난 것이기 때문입니다.

이것을 극복하기 위해서는 2가지 방법을 생각할 수 있습니다.

첫째, 이런 상황을 인지하고 어떤 행동을 할 때마다 내 몸에 새겨진 유전자 정보로 인해 잘못된 결정이나 행동을 할 수 있다는 것을 깨닫고, 그것에서 자유로워지기 위해 성찰하는 것입니다. 예를 들어 내가 공부하기 싫다면 그것은 행동을 꺼려하는 유전자 정보 때문이므로 그것을 무시하고 공부하는 것입니다.

둘째, 내 몸에 프로그램된 정보를 역이용하는 것입니다. 원시 시대에는 집단 사냥을 하고 집단생활을 했으므로 집단에서 따돌림당하는 것을 두려워했고, 그로 인해 집단에서의 본인 평판을 중요시했습니다. 왜냐하면 집단에서 버려지는 순간 생존 자체가 위험에 빠졌기 때문입니다.

따라서 이것을 이용해서 공부를 한다면 혼자서 하는 것보다는 학원 등 집단에 의한 평판을 신경 써야 하는 곳을 이용하는 방법을 생각할 수 있습니다. 도서관이나 커피숍 등을 이용하는 방법도 비슷한 효과를 낼 수 있습니다. 그런 곳들은 다른 사람의 눈치와 분위기를 살펴야 하는 곳이므로 조금 더 열심히 공부하게 만들어 줍니다.

친구들이나 부모님에게 선언하기 등도 좋은 방법입니다. "이번 시험에는 수학 100점을 받겠다."라는 식의 말을 주변에 떠벌리면 남의 시선을 신경 쓰는 내 몸의 유전자가 조금 더 열심히 공부하게 도와줍니다. 즉 나를 믿지 말고, 내가 공부를 할 수밖에 없는 다양한 상황을 만들어 보세요.

집에서 열심히 공부하기 힘들다면 도서관이나 학원을 가는 것도 좋은 방법입니다. 혹은 열심히 하는 집단에 들어가서 눈치 보며 공부하는 것도 좋습니다. 그런 측면에서 좋은 학군지로 이사를 가는 것이나 특목고나 자사고를 가는 것도 하나의 방법입니다. 주변과 환경을 신경 쓸 수밖에 없는 우리의 유전자를 이용해서 주변과 환경이 나를 공부하도록 만드는 것입니다.

집중력을 높이려면
어떻게 해야 할까?

공부를 하다 보면 집중이 되지 않는 경우가 많습니다. 이런 경우에는 뇌를 쉬게 만들어 주는 것이 좋습니다. 뇌과학자들은 보통 25분 정도를 최고로 집중할 수 있는 시간으로 꼽습니다. 그 이후부터는 공부를 해도 학업 성취도가 떨어진다고 합니다. 물론 연습을 통해 오랫동안 집중하고 몰입하는 사람도 있을 수 있습니다. 그러나 대부분은 25분 정도가 집중의 한계라고 하니, 공부를 할 때 20~25분 정도 집중하고, 5~10분 정도 쉬는 것을 반복하면 좋습니다. 이것이 익숙해지면 50분 정도 공부하고 10분 정도 쉬는 리듬을 추천합니다.

공부를 하지 않다가 시작하는 학생이라면 25분 공부, 5분 휴식의 리듬으로 시작합니다. 25분 동안은 최대한 집중해서 공부하고, 5분 동안은 휴식을 취합니다. 여기서 주의할 것은 5분 휴식 시간에는 뇌가 쉴 수 있도록 해야 한다는 것입니다.

그렇다면 뇌가 쉴 수 있는 좋은 휴식에는 무엇이 있을까요? 공상, 낙서, 산책, 창밖 보기, 샤워, 수면, 운동, 그림 그리기, 가사 없는 음악 듣기, 익숙한 곡 연주, 명상, 수면 등이 있습니다. 음악의 경우 가사가 있는 음악은 가사에 몰입하면서 뇌가 쉬지 못한다고 합니다. 악기 연주도 낯선 곡의 경우 뇌가 휴식을 취하지 못한다고 하니 주의해야 합니다.

반면 좋지 않은 휴식(많은 몰입으로 뇌를 힘들게 함)에는 무엇이 있을까요? 게임, 독서, 영화, TV 보기, 친구들과의 수다, 채팅, 집안일 등이 있습니다. 이런 것들은 뇌를 지치게 하여 다시 공부를 시작할 때 집중하기 힘들게 합니다.

뇌는 이렇게 집중(공부)과 분산(휴식)을 왔다 갔다 할 때 학습 효과가 높다고 합니다. 이런 원리를 알면 어려운 수학 문제를 풀다가 막힐 때 대처법을 알 수 있습니다. 어려운 문제를 집중해서 푸는데도 막히면 뇌가 휴식을 취하게 해 주는 것이 필요합니다. 잠깐 쉬든가, 공부를 해야 한다면 쉬운 문제를 풀어 보는 것이 도움이 됩니다.

혹은 다른 과목 공부를 하는 것도 도움이 됩니다. 그리고 다시 어려운 문제에 도전하면 훨씬 잘 풀립니다. 즉 집중과 분산을 왔다 갔다 하는 것입니다. 시험 볼 때도 어려운 문제부터 풀다가 막히면 쉬운 문제를 풀며 뇌를 잠깐 쉬게 해 주면 다시 어려운 문제를 풀었을 때 해결할 확률이 올라간다고 합니다.

수학은 머리 좋은 애들이나 잘하는 걸까?

뇌는 어떻게 활용하느냐에 따라 스스로 구조를 바꿉니다. 이것을 '신경가소성'이라고 부릅니다. 그러므로 누구나 자신의 학습 능력을 높일 수 있습니다. 꾸준히 연습하면 뉴런과 시냅스에 의한 새로운 연결망들이 뇌에 생겨 뇌의 구조를 변화시킬 수 있습니다.

이것을 수학으로 설명하면, 수학을 계속 공부하다 보면 수학을 하는 데 필요한 여러 가지 무기가 뇌에 장기기억으로 저장됩니다. 여러 가지 무기라는 것은 방정식, 함수, 도형, 확률에 대한 튼튼한 개념과 그것들을 푸는 데 필요한 수학적 사고력, 문제해결력, 추론 능력, 계산력, 이해력 등을 뜻합니다. 이 상태가 되면 어떤 문제를 보고, 어떤 개념을 가져다 쓸지에 대한 생각이 떠오르게 되고, 여러 가지 개념을 조합해서 문제 풀이 과정을 설계할 수 있게 됩니다.

즉 수학을 잘하는 아이들은 머리가 좋아서 잘하는 것이 아니라 수학을 많이 공부해서 머리가 좋아지고 수학을 잘하게 된 것입니다. 자신이 수학을 못한다면 '지금까지 수학을 열심히 했는가?' 반문해 보세요. 뇌에 강력한 연결망들이 생기려면 많은 연습과 복습이 필요합니다. 그것이 되기 전까지는 수학을 잘할 수 없습니다. 수학을 잘하려면 기본적인 무기들이 뇌에 강력하게 연결되어 있어야 합니다. 많은 학습과 연습을 통해 기본적인 무기들이 뇌에 강력하게 연결되면 어느 순간 속도가 빨라지고 수학을 잘하게 됩니다.

수학을 잘하는 사람들은 수학과 관련 있는 튼튼한 뇌 연결망을 많이 가지고 있습니다. 우리가 공부를 하면서 새로운 개념을 이해하고 그것을 복습하면, 그 개념과 관련 있는 뇌 연결망이 생깁니다. 다른 말로 하면 공부한 개념이 장기기억에 저장됩니다. 수학을 잘하는 사람들은 이런 개념들이 튼튼하게 뇌에 잘 저장되어 있어서 필요할 때마다 바로바로 끄집어낼 수 있는 상태가 됩니다. 그러기 위해서는 많은 연습과 복습(적극적 회상하기)이 필요합니다.

수학은 반복적이고 꾸준한 연습과 암기를 통해 튼튼한 뇌 연결망을 만드는 데 집중해야 하는 과목이고, 그래야 이해의 깊이가 깊어집니다. 따라서 빠른 선행보다는 개념을 단계별로 완전히 익히도록 하는 깊이 있는 학습이 중요합니다. 이런 연습을 통해 수학과 관련 있는 다양한 연결망이 뇌에 튼튼하게 자리 잡히면, 더욱 많은 양의 수학 공부를 할 수 있는 능력이 생겨 수학을 더욱 잘하게 됩니다.

뇌 연결망이 만들어지면 서로 연결된 많은 양의 정보를 쉽게 끌어

당길 수 있어서 복잡한 생각을 더 쉽게 할 수 있게 됩니다. 따라서 새롭게 공부한 수학 개념에 대한 뉴런과 시냅스의 연결망이 만들어지기 전에는 머릿속이 뒤죽박죽인 상태가 됩니다. 이렇게 새로운 내용을 배울 때는 뇌 연결망이 생기기 전이라 무척 힘들지만 뇌 연결망이 수없이 만들어지면 수학을 즐기는 고수가 될 수 있습니다. 뇌 연결망은 많은 연습을 통해 장기기억에 만들어진 뉴런의 길이라고 생각하면 됩니다. 뇌 연결망이 생기면 작업 기억이 복잡한 정보를 빨리 처리할 수 있어서 수학 문제 풀이 속도가 자동으로 빨라집니다.

> "인간의 기억은 감각기억, 단기기억/작업기억, 장기기억 등으로 분류된다. 감각기억은 시각, 청각, 촉각, 후각 등의 감각신호를 통해 입력되는, 정보가 1~4초 정도의 매우 짧은 시간 동안 기억되는 과정을 의미하며, 이 수많은 정보 중 일부가 선택적으로 단기기억과 작업기억으로 저장된다. 그리고 이 중 지속적이고 영구한 기억으로서 저장되는 것이 장기기억이다."

- 두산백과 두피디아

수학을 잘하기 위한 뇌 연결망은 어떻게 강화시키나?

계속 연습하지 않으면 뇌 연결망은 약해집니다. 따라서 꾸준한 복습이 필요합니다. 예를 들어 중학교 2학년 2학기 과정의 도형을 공부한 후 오랫동안 복습하지 않으면 뇌 연결망이 약화되어 잊어버리게됩니다.

잘 아는 것만 연습해도 뇌 연결망이 약해집니다. 수학 문제집을 풀때 비슷한 난이도의 문제들만 반복하면 안 됩니다. 어느 정도 적응이됐으면 좀 더 어렵고 깊이 있는 학습을 해야 학습한 개념과 관련 있는뇌 연결망이 강화됩니다. 즉 잘 알고 쉬운 내용 말고, 잘 모르거나 더어려운 내용에 집중해서 공부하고 연습하는 것이 필요합니다.

인터리빙 방식을 이용하면 뇌 연결망을 강화시킬 수 있습니다. 하나의 기법이나 항목을 연습하는 것보다는 서로 다른 여러 개의 기법이나 항목 중에 문제해결에 적합한 걸 고르는 연습도 해야 합니다. 수학으로 설명하면 단원 간 융합 유형을 풀어 보면 도움이 됩니다.

예를 들면 이차방정식과 이차함수가 융합된 문제를 풀어 보는 것입니다. 이렇듯 여러 단원의 문제를 혼합해서 연습하면 좋습니다. 시중의 쎈수학 같은 유형별 문제집을 풀 때도 하나의 유형에 있는 모든 문제를 다 풀어 보는 것보다는 유형당 한 문제씩 임의로 골라서 푸는 것이 더욱 효과적입니다.

틀린 문제에 대해 무한 오답 정리를 하고 공부한 내용에 대해 필기한 노트나 책을 보지 않고 떠올리면서 복습합니다. 다른 사람이 풀어 주는 걸 지켜보는 것만으로는 뇌 연결망이 강화되지 않습니다. 모든 문제를 적극적으로 풀거나 자기 주도적으로 공부해야 합니다.

효과적인 노트 필기법

교육학자들의 연구 결과에 의하면 필기를 했을 때가 안 했을 때보다 학업 성취도가 더 높다고 합니다. 노트의 가로 1/3 되는 지점에 세로줄을 긋고, 처음 필기할 때는 넓은 칸에 적고, 복습할 때는 좁은 칸에 요점을 정리하면 효과적입니다.

필기하는 방식으로는 수업을 들으면서 필기한 학생들보다 수업이 끝날 때나 각 주제의 설명이 일단락될 때 노트에 요약정리한 학생들이 성취도가 더 높습니다. 필기를 너무 많이 하면 집중력이 흐트러지고 작업기억에 과부하가 걸릴 수 있기 때문에 요약정리를 한 학생들의 성적이 더 좋다고 볼 수 있습니다.

한편 손으로 필기한 학생은 핵심 내용만 잘 선택하거나 자신의 언어로 바꿔서 적기 때문에 노트북에 정리하는 학생들보다 학습 효과가 높습니다. 왜냐하면 노트북에 선생님 수업을 정리하는 학생들은 수업 내용을 깊이 생각하지 않고 그대로 베껴 적을 가능성이 크기 때문입니다.

결국 요약해서 정리하는 필기 방법이 수업을 집중해서 들을 수 있고, 내용을 적으면서도 들은 내용을 깊이 생각해 볼 수도 있어서 가장 효과적인 방법이라고 할 수 있습니다. 이런 것을 가능하게 하는 방법으로 예습을 추천합니다. 그날 배울 것을 미리 교과서나 참고서 등으로 예습하고 수업을 들으면 선생님의 수업 내용 중 중요하거나 꼭 필요한 것을 뽑아서 요약정리하는 것이 훨씬 수월해집니다.

개념을 정리하는 노트 필기뿐만 아니라 수학 문제를 푸는 연습장을 사용할 때도 가로 1/3 되는 지점에 세로줄을 긋고 사용하면 효과적입니다. 왼쪽의 넓은 2/3 지점에는 해설지같이 문제를 분석하고 식을 써서 체계적으로 문제를 풀어 갑니다. 오른쪽 1/3 지점에는 단순 계산이나 문제를 풀어 가는 아이디어를 적습니다. 수학 문제를 풀 때 이런 방식으로 연습장을 사용하면 단순 계산 또는 문제를 푸는 아이디어와 식을 세워 푸는 깔끔한 풀이가 분리되어 정리된 사고를 하는 데 도움을 줍니다.

1. 수학 개념 공부를 효과적으로 하는 방법

　① 첫째, 그림 위주로 훑어본다.

　② 둘째, 독학이라면 개념서를 정독하고, 강의를 듣는다면 개념 강의를 듣는다.

　③ 셋째, 개념서를 정독하거나 강의를 들으면서 중요한 내용을 적는다.

　④ 넷째, 개념서를 정독할 때 소리 내서 읽는다.

　⑤ 다섯째, 강의를 들을 때는 복잡한 내용은 잠깐 멈추고 말로 정리하거나 타인에
　　게 설명한다.

　⑥ 여섯째, 배운 내용을 복습하는 것은 필수이다.(회상하기, 인출하기, 설명하기)

2. 왜 금방 배운 것도 잊어버리는 걸까?

　① 잊지 않는 가장 좋은 방법은 '회상하기'이다.

　② '회상하기'는 공부한 내용을 머릿속에 적극적으로 떠올리는 행위이다.

　③ '회상하기'는 공부한 내용을 잊을 때쯤 하는 것이 효과적이다.

　　－ 하루에 몰아서 공부하지 말고 자주 공부할 것

　　예시 : 일주일 중 하루 7시간 공부(×) 매일 1시간씩 일주일 공부(○)

　　－ 단원이 끝날 때마다 누적해서 복습할 것

　　1단원 끝, 2단원 시작 → 1단원 복습

　　2단원 끝, 3단원 시작 → 1단원, 2단원 복습

3. 잠을 푹 자야 수학 공부에 도움이 된다?

　① '자기 전 복습'이 장기기억 저장에 효과적이다.

　② 공부한 내용을 자기 전에 노트에 써 보고, 침대에 누워서 머릿속으로 떠올려
　　본다.

4. 공부하기가 너무 싫다면

① 하기 싫은 일도 20분이 지나면 고통이 사라진다.

② 따라서 일단 공부를 시작하는 것이 중요하다.

5. 자기 자신을 믿지 마라

① 인간은 공부같이 머리를 쓰는 행동을 하기 싫어하도록 진화했다.

② 따라서 공부하기가 싫은 것은 당연한 것이므로 참고 공부한다.

③ 아니면 역이용하여 공부를 할 수밖에 없는 환경을 만든다.

　– 집에서 공부가 안되면 도서관이나 학원에 가기

　– 혼자 공부가 안되면 열심히 공부하는 집단에 들어가서 공부하기

6. 집중력을 높이려면 어떻게 해야 할까?

① 휴식과 집중의 리듬을 가져야 한다.

　– 20~25분 집중하고 5~10분 휴식하기

　– 익숙해지면 50분 공부하고 10분 휴식하기

② 휴식은 뇌가 쉴 수 있어야 한다.

　– 좋은 휴식 : 공상, 낙서, 산책, 창밖 보기, 샤워, 수면, 운동, 그림 그리기,
　　가사 없는 음악 듣기, 익숙한 곡 연주, 명상, 수면 등

　– 나쁜 휴식 : 게임, 독서, 영화, TV 보기, 친구들과의 수다, 채팅, 집안일 등

③ 어려운 수학 문제 푸는 방법

　– 잠깐 쉬고 다시 풀기

　– 쉬운 문제 풀고 다시 풀기

　– 다른 과목 공부하고 다시 풀기

7. 수학을 잘하기 위한 뇌 연결망은 어떻게 강화시키나?

① 꾸준히 복습하기

② 잘 아는 문제뿐만 아니라 모르고 어려운 문제 풀기

③ 인터리빙 방식 사용하기
  - 서로 다른 여러 개의 기법이나 항목 중 문제해결에 적합한 것 고르기
  - 여러 단원이 융합된 문제 풀기
  - 유형별 문제집에서 유형당 한 문제씩 임의로 골라 풀기

8. 효과적인 노트 필기법

개념 노트
① 노트의 가로 1/3 지점에 세로줄 긋기
② 처음 필기할 때는 넓은 칸에 적기
③ 복습할 때는 좁은 칸에 요점을 정리하며 적기

수학연습장
① 노트의 가로 1/3 지점에 세로줄 긋기
② 넓은 칸에는 문제 분석, 식 등을 써서 체계적으로 문제 풀기
③ 좁은 칸에는 단순 계산이나 문제에 대한 아이디어 적기

2장

수학을 잘하려면
꼭 알아야 할 것들

수학 공부는
왜 해야 하는가?

여러분은 지금 지겹게 수학을 공부하고 있을 거예요. '도대체 이 어렵고 복잡한 수학을 누가 만들어서 나를 괴롭힐까?'라는 생각이 들죠. '수학이 내가 앞으로 살아가는 데 무슨 도움이 된다고 이것을 공부해야 할까?'라는 생각도 들고요.

그런데 사실 수학은 여러분이 인생을 살아가는 데 엄청 도움을 주고, 지금 이 순간도 여러분의 삶에 영향을 미치고 있습니다. 제가 대학생 시절에 수학과 교수님이 수업 시간에 엄청 흥분해서 말씀하셨어요. 전날 저녁에 TV를 보는데 한 여성 앵커가 이렇게 말했다는 거예요.

"도대체 실생활에 필요도 없는 수학을 학창 시절에 왜 했는지 모르겠어요."

교수님은 그 여성 앵커가 입고 있는 옷, 쓰고 있는 안경, 앉아 있는 의자, 마이크, 아침에 출근하면서 타고 온 자동차 등을 만드는 데 수학이 필요했다고 말씀하셨어요. 지금 여러분 주변을 둘러보세요. 무엇이 보이나요? 책상이 보일 수도 있고, 컴퓨터가 보일 수도 있어요. 책상은 직사각형 모양으로 여러분의 신체를 계산해서 정교하게 만든 것이고, 컴퓨터를 작동시키는 기본적인 프로그램은 2진법이라는 수 체계로 이루어졌어요. 컴퓨터 프로그램은 수학적 사고력을 요구하는 알고리즘(순서도)에 의해서 구성되었고요. 여러분은 인식하지 못하겠지만, 일상생활 모든 부분에서 수학의 도움을 받아서 살고 있는 셈이에요.

여러분이 살아가는 중에도 자기도 모르게 수학을 많이 하며 살아가고 있어요. 저는 전공이 수학이라 마트를 가면 항상 계산하는 버릇이 있어요. 1+1이나 2+1의 가격을 비율을 이용해서 잽싸게 계산합니다. 그리고 마트에서 구입한 대부분의 물건은 할인가격까지 기억하여 암산합니다. 마트 점원의 계산이 제 암산과 다를 때는 바코드가 제대로 인식이 됐는지 확인해 달라고 해요.

가족들과 제주도 여행을 갔을 때는 가고자 하는 여행지와 숙소를 위치와 거리를 계산해서 배치했어요. 자동차의 평균속력을 이용하여 각각의 이동 시간을 계산하고 일정을 짜면 아주 효율적으로 여행을 할 수 있습니다.

이런 단순한 계산 말고 라면을 끓일 때도 수학이 사용됩니다. 라면에 들어갈 재료를 생각하며 라면이 끓는 5분이라는 시간 동안 가장 효율적으로 시간 낭비 없이 파 썰기, 김치 꺼내기, 설거지 등을 합니다.

이런 데 필요한 것을 수학적 사고력이라고 해요. 어떤 일의 절차를 분류하여 중복되지 않게 잘 배치하는 것이죠. 대학에서 수학을 전공하고, 대학원에서 컴퓨터공학을 전공한 선배가 있어요. 그 선배가 직장에 들어가 보니 그냥 컴퓨터공학만 전공한 사람들은 시간이 오래 걸리고 효율이 떨어지는 프로그램을 짜는데, 수학까지 전공한 사람들은 훨씬 간결하고 비용도 절감하고 속도도 빠른 프로그램을 짤 수 있다고 합니다.

미국에서는 수학자를 비롯하여 수학 관련 직종이 가장 취업하고 싶은 직종 상위 5위 안에 랭크되어 있다고 합니다. 미국의 유명한 기업인 애플이나 구글의 창업자도 수학자를 많이 고용해서 회사를 지금같이 발전시켰다고 해요. 고용된 수학자들은 수학을 이용해서 불가능해 보이는 프로젝트를 성공시키고, 경쟁 회사보다 속도를 단축시키고, 비용을 절감하게 해 줬다고 합니다.

대학 입시에서 수학이 가장 중요하다는 말을 들어봤을 겁니다. 수학이 대학 합격의 당락을 결정하는 가장 중요한 과목이라는 것을요. 직접적으로 수학이 필요한 이공 계열(수학/물리학/공학 등)은 그렇다 치지만, 문과 계열까지 수학 성적이 대학을 결정한다는 것이 궁금하지 않나요?

대학의 입장을 생각해 보면 이해할 수 있습니다. 대학에서는 공부를 잘 해낼 수 있는 능력을 갖춘 학생을 뽑고 싶어 합니다. 그러한 능력 중에서 중요한 것으로 문제해결력, 추론 능력, 수학적 사고력이 있습니다. 이것은 비단 대학뿐만 아니라 일상생활을 할 때도 많이 필요합니다.

만약 지금이 원시 시대라면 수학을 잘해서 문제해결력, 추론 능력, 수학적 사고력을 갖춘 원시인들이 환경의 변화에 잘 적응해서 살아남을 가능성이 높았을 거예요. 물론 이런 능력들은 수학뿐만 아니라 다른 과목을 공부해도 기를 수 있긴 하지만 수학을 공부할 때 가장 많이 길러집니다.

그래서 대학 입시에서도 수학을 가장 중요하게 여기는 것이죠. 그런 측면에서 여러분이 앞으로 살아갈 인생에서도 수학이 가장 중요하다고 말할 수 있을 것 같습니다. 어때요? 수학을 공부하고 싶은 마음이 살짝 생겼나요?

수학적 사고력을
키워야 하는 이유

수학은 단순히 문제를 푸는 기교가 아니라 어떤 사건과 사고를 해결해 나가는 사고의 과정입니다. 사고력을 키워 자기가 가지고 있는 도구들을 조합해서 원하는 결론을 얻어 낼 수 있도록 합니다. 이 도구들이 수학에서는 정의와 정리(공식), 문제에서 주어진 조건이고, 일상에서는 자신이 가지고 있는 재능이나 배경 지식, 재화 혹은 이용할 수 있는 수단들입니다.

수학 문제에는 여러 가지 조건이 있습니다. 이 조건들을 모두 이용해 답을 구하려면 어느 한 조건에 치우쳐서는 안 됩니다. 수학을 잘하는 친구들의 풀이는 물 흐르듯 자연스럽습니다. 이것은 한 조건을 정리하는 도중 머릿속 한편에서 다른 조건들을 비교하고 조율하고 있다는 뜻입니다. 뇌과학적으로 얘기하면 작업기억력이 뛰어나다고 할 수 있습니다.

실생활에서도 마찬가지입니다. 살면서 부딪치는 문제들을 해결하고 최선의 결과를 얻기 위해 우리는 여러 가지 생각과 고민을 합니다.

사교육 현장에서 아이들을 가르치다 보면 많은 선생님을 만납니다. 그런데 몇몇 선생님은 수학의 본질이 아닌 기교에 치우친 수업을 합니다. "이건 이렇게 풀어." 하고 말이죠. 문제를 푸는 데 충분한 사고력을 키우는 것이 아니라 편하게 답을 내는 방법만 알려 줍니다. 안타깝게도 학생들은 그런 수업을 매우 좋아합니다. 결국 독이 되는 것도 모르고 말이죠.

사람은 망각의 동물이라 이 기교는 언젠가 잊어버립니다. 그래서 어느 순간 수학은 더 이상 발전하지 않게 됩니다. 너무 편한 길은 경계해 주세요. 한 문제를 풀어도 내 것으로 만들고 다음으로 넘어갈 수 있다면 열 문제를 푼 것보다 낫습니다.

수학적 사고라는 것은 내가 가진 정보(정의와 정리)를 가지고, 주어진 조건들을 이용해 문제를 해결해 나가는 일련의 과정을 뜻합니다. 어려운 문제를 풀기 위해서 우리는 매번 이런 수학적 사고의 과정을 거치게 됩니다. 이런 수학적 사고는 말 그대로 사고이기 때문에 스스로 생각해야지만 발전하게 됩니다. 누군가 방법을 가르쳐 주거나 해설지를 읽고 풀이법을 아는 것은 정보의 양을 늘려 줄 뿐이지 수학적 사고력을 높이지는 않습니다.

수학은 왜 어렵고 지루하고 재미없을까?

사실 수학은 재밌는 과목입니다. 그런데 수학이 시험에서 중요한 역할을 하다 보니 변질이 되었어요. 여러분이 공부하는 수학은 진짜 수학이 아니라 시험을 잘 보기 위한 수학입니다. 그래서 재미가 없어요.

수학은 호기심이라는 인간의 본능에서 출발하는 학문입니다. 그래서 재미있을 수밖에 없어요. 수학은 아주 단순한 것에서부터 "왜?"라는 질문을 던지며 생겨납니다. 예를 들어 1+1=2라면 '이것은 왜 성립하지?' 이런 질문에서부터 출발하는 것입니다.

누군가 "사과 1개와 사과 1개를 더하면 당연히 2개지."라고 말한다면 다음과 같은 반론을 펼칠 수가 있어요.

"햄스터 1마리를 키우고 있는데, 또 다른 햄스터 1마리를 더 넣고, 며칠 지나서 봤더니 새끼를 5마리 낳아서 7마리가 됐다." 혹은 "사마

귀 2마리를 우리에 넣어 놨는데 1마리가 다른 1마리를 잡아먹어서 1마리가 되었다."

즉 1+1=7이 될 수도 있고, 1+1=1이 될 수도 있는 것입니다. 그렇기 때문에 1+1=2라는 논리를 펼치려면 몇 가지 제한 조건을 넣어서 좀 더 정교하게 가다듬어야 해요. 그래서 여러 가지 반론에도 무너지지 않는 논리를 만들어야 합니다. 이런 것이 수학입니다.

또 다른 예를 들어 보겠습니다. 중학교에 가면 음수를 배웁니다. 음수를 공부하다 보면 $(-1)\times(-1)=1$이라는 것이 나오는데 이것이 성립하는 이유를 궁금해하는 게 수학입니다. 물론 중학교 교과서를 보면 나름의 이유와 서술 체계를 가지고 $(-1)\times(-1)=1$이 성립하는 이유를 설명합니다. 그러나 그것이 납득이 안 가고 받아들이기 힘들 수도 있습니다. 그러면 나만의 논리 체계를 만들어서 $(-1)\times(-1)=1$이 되는 이유를 합리적으로 찾는 것입니다. 누군가의 반론이나 지적에도 무너지지 않는 완벽한 논리를 찾는 것이죠.

피타고라스 정리로 유명한 피타고라스는 고대 그리스 수학자입니다. 지금으로부터 2,500년 전에 살았던 사람입니다. 피타고라스는 직각삼각형의 변의 길이를 관찰하다가 다음과 같은 원리가 성립한다는 것을 알아냈습니다.

피타고라스 정리

직각삼각형에서 직각을 낀 두 변의 길이를 각각 a, b라 하고 빗변의 길이를 c라 하면

$a^2+b^2=c^2$ └ 직각삼각형에서 빗변은 길이가 가장 긴 변으로, 직각의 대변이다.

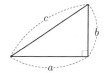

그리고 이것을 만족하는 다음과 같은 자연수의 순서쌍을 찾아냈습니다.

$$(a, b, c) = (3, 4, 5)$$

이것 말고도 더 많은 순서쌍을 찾아내다가, 자연수나 양의 유리수 (분모와 분자가 자연수로 이루어진 분수) 말고도 피타고라스 정리를 만족하는 새로운 수가 있다는 사실을 알게 되었습니다. 그러나 그 수는 당시에는 수로 인정하지 않는 수였습니다. 그 수를 지금은 무리수라고 부릅니다. 새로운 수를 발견하고 기존의 수 체계가 무너지는 것이 싫어서 한동안 비밀로 했다는 이야기도 있습니다.

이렇듯 수학은 단순한 호기심에서 출발하는 학문입니다. 수학자들은 실생활에 꼭 필요하지 않아도 궁금한 것들이 생기면 그것을 참지 않고 평생을 바쳐서 궁금증을 해결하려고 노력했던 것입니다.

이것이 수학의 본질입니다. 대학을 잘 가기 위해서, 실생활에 사용하기 위해서 수학을 공부하는 것이 아니라 단지 궁금한 것을 연구하고, 그 이유를 찾기 위해서 공부하는 것이 수학입니다. 아마 여러분도 이런 방식으로 수학 공부를 한다면 수학의 재미에 흠뻑 빠져서 밤새도록 궁금한 것을 해결하는 일에 매진할 수 있을 것입니다.

수학을 매우 좋아했던 제자가 있습니다. 이 제자는 결국 서울대 수학교육과에 들어갔습니다. 그는 고등학교 시절에 교과서에 나와 있지 않은 것들에 대해서 항상 질문을 던졌습니다. 그 질문 중 어떤 것은 저도 생각해 보지 못한 거라 같이 몇 시간이고 논의하며 질문의 답을 찾았고, 그래도 해결이 안되면 집에서 밤새도록 고민하며 연구하곤 했습니다.

예를 들어 이 제자가 질문한 내용들은 다음과 같습니다.

"$y = x^2$의 꼭짓점은 증가 구간에 속하나요? 감소 구간에 속하나요?"

"밑이 같은 지수함수와 로그함수는 밑이 1보다 큰 경우에 서로 접할 수 있나요?"

"미분해서 자기 자신이 나오는 함수를 수학자들은 어떻게 찾게 됐어요? 그 과정이 궁금해요"

"순환소수 $0.999999\cdots = 1$은 약속인가요? 정확한 논리에 의한 증명이 가능한가요? 중학교 방식은 뭔가 납득이 잘 안돼요."

이런 이론적인 내용 외에 굉장히 어려운 문제도 질문하곤 했습니다. 그럼 저는 수업이 끝나고 제자와 함께 학원에 남아서 그 문제를 칠판에 써 가며 같이 풀곤 했습니다. 안타깝게도 이 제자처럼 수학을 좋아하는 학생들은 매우 드뭅니다. 1등급인 학생 중에서도 10% 미만일 거라고 생각합니다. 그럼 학생들은 수학을 잘하면서도 왜 수학을 싫어할까요?

우리나라 수학 교육이 이런 호기심에 대한 질문을 함께 논의하고 해답을 찾아가는 방식보다는 이미 이론화되고 만들어진 내용을 가지고 문제에 적용하고 푸는 방식이기 때문이라고 생각합니다. 즉 학교 수업이든 학원 수업이든 시험을 잘 볼 수 있는 방식의 수학을 아이들에게 알려 줍니다. 이것은 대학 입시가 바뀌지 않는 한 어쩔 수 없는 상황일 것 같습니다. 지금과 같이 대학 입시와 학교 시험이 문제 풀이

위주의 지필고사로 유지되는 한 아이들은 제한된 시간에 많은 문제를 풀어야 하고, 그러기 위해서는 지루한 반복 연습과 유형 암기, 계산을 정확하게 하기 위한 연산 연습을 해야 합니다.

특히 고등학생들은 학교 시험을 볼 때, 풀 수 있는 문제도 시간이 모자라서 풀지 못하는 경우가 많습니다. 변별력을 위해 어쩔 수 없이 많은 문제를 적은 시간에 풀게끔 시험 문제를 내기 때문입니다. 이런 시험 방식이 수학 실력을 결정하느냐, 혹은 대학 이상에서 누가 더 수학을 잘할 수 있는지를 판단하느냐에 대해서 저는 의구심을 가집니다.

따라서 여러분이 수학을 재미없고 지루하고 힘든 것으로 생각하는 것은 수학이라는 학문의 본질에 어긋나는 방식의 수학 공부 때문입니다. 그러나 지금과 같은 수학 평가 체계가 바뀌지 않는 한 이것은 어쩔 수 없는 현실입니다. 수학을 전공한 선생님으로서 꼭 하고 싶은 말은, 지금 여러분이 하는 공부가 수학의 본질은 아니라는 것입니다. 그러니 수학을 싫어하지 말고 조금 더 여유가 생기면 정말 제대로 수학을 공부해 봤으면 합니다.

사실 고백하자면, 저도 중·고등학교 때까지 수학을 잘했지만 그리 좋아하지는 않았습니다. 수학보다는 물리를 좋아했어요. 수학은 너무 지루하고 공부할 양이 무척 많았거든요. 해도 해도 끝이 없는 느낌이었어요. 아무리 어려운 문제를 많이 풀어도 못 푸는 문제가 계속 나왔어요.

그러나 대학에서 수학을 전공하고, 2학년부터 전공 수학을 배우면서 그 생각은 바뀌었습니다. 수학이 정말 재미있고 매력적인 과목이라는 것을 알게 됐어요. 중·고등학교 때 제가 했던 수학은 진정한 수학이 아니란 걸 깨달았어요. 이런 깨달음을 얻기 전에 많은 사람이 수학을 포기하고 싫어하게 되는 현실이 안타깝습니다.

그렇다면 제대로 수학을 공부한다는 것은 무엇일까요? 바로 어떤 것에 호기심을 가지고 그것이 성립하는 이유를 납득될 때까지 찾아보는 것입니다.

예를 들어 정다면체가 5개만 있는 이유가 궁금하지 않나요? 뿔의 부피가 기둥 부피의 1/3인 것이 궁금하지 않나요? 원의 넓이 구하는 공식을 모르는 사람들은 원의 넓이를 어떻게 구할 수 있을까요? 왜 직사각형의 넓이는 (가로)×(세로)일까요?

이런 것들을 궁금해하고 이것의 이유를 찾는 것이 수학이라고 할 수 있습니다.

어때요? 수학에 대한 생각이 조금 바뀌었나요?

중·고등 수학을 잘하기 위한
학습 태도

중·고등학생이 수학을 못하는 근본적인 이유

중·고등학생들을 가르치면 수학을 못하는 학생들은 본인들이 인식하든 하지 못하든 개념 공부에 문제가 있습니다. 대부분 개념을 제대로 이해하지 못하거나 이해를 해도 금세 잊어버립니다. 문제는 개념을 제대로 이해하지 못한 학생의 경우도 자기가 이해하지 못했다는 사실을 잘 알지 못합니다. 즉 개념 학습에 대한 메타인지가 없습니다.

'개념을 제대로 이해하지 못했다.'라는 말의 뜻은 어떤 개념이 성립하는 정확한 원리와 증명을 모른다는 말입니다. 즉 개념이 왜 성립하는지 모르지만 그냥 그것을 보고 문제만 푸는 것을 의미합니다. 이렇게 되면 어떤 문제가 발생할까요?

첫째, 머릿속에 개념이 저장된 것이 아니고, 문제집에 있는 개념을 보고 푸는 방식이기 때문에 학교 시험이나 프린트 문제를 못 풉니다. 즉 개념이 나와 있지 않은 교재나 프린트의 경우, 보고 그대로 따라할 개념이 없기 때문에 제대로 못 풉니다.

둘째, 응용 문제를 못 풉니다. 개념을 제대로 이해하지 못했기에 조금만 변형되면 문제를 못 풉니다. 다른 말로 하면 원리나 증명, 공식의 유도 과정을 모르기에 공식의 암기가 아닌 새로운 유도 과정으로 풀어야 할 응용 문제들을 풀지 못합니다.

셋째, 개념을 금방 잊어버립니다. 인간은 유의미한 것들을 장기기억에 저장합니다. 단순 암기의 경우는 금방 잊어버리게 되어 있습니다. 이유를 모른 채 암기한 공식은 머릿속에 저장되지 않습니다. 즉 그런 공식이나 개념은 뇌가 생각할 때 유의미한 것이 아니기 때문에 바로 사라집니다. 따라서 조금만 지나도 개념을 잊어버려서 문제를 잘 풀지 못하게 됩니다.

그렇다면 학생들은 왜 이렇게 수학을 공부하게 됐을까요? 그것의 뿌리를 찾기 위해서는 초등 시절로 돌아가야 합니다.

초등부터 갖추어야 할 개념 학습 태도

초등 수학은 수학의 처음 시작점이기 때문에 여러 가지 출발점(정의/약속)을 배웁니다. 즉 중·고등 수학은 초등 수학에서 약속된 것들을 가지고 시작하기 때문에 개념을 정의하거나 정리(공식/성질)들을 학습하는 것들이 한결 수월합니다. 반면에 초등 수학은 여러 가지 수(자연수, 분수, 소수 등)를 배우고, 여러 가지 연산(덧셈, 뺄셈, 곱셈, 나눗셈)을 학습하며, 새로운 개념들을 다양한 영역(수와 연산, 규칙성, 측정, 도형, 자료와 가능성)으로 배우게 됩니다.

그런데 문제는 무엇인가 처음 배우는 것은 약속의 출발점이기 때문에 이해하기가 굉장히 어렵다는 것입니다. 초등 교과서와 교사용 지도서를 살펴보면 초등 수학에서 배우는 다양한 개념을 아이들에게 순서와 절차에 맞춰서 정확하게 설명하는 것이 굉장히 어렵다는 것을 알 수 있습니다.

이러한 개념을 제대로 설명하는 것은 학원 강사는 물론이고, 교대를 나온 초등학교 선생님들이라도 매우 힘들 것이라고 생각합니다. 수학을 전공한 선생님들 정도는 돼야 어느 정도 전체적인 수학의 흐름을 이해하고 순서에 맞춰 위계적으로 설명할 수 있을 거라 생각합니다.

현실적으로 수학 전공자들은 주로 중·고등부 수학을 가르치다 보니, 초등 수학을 가르치는 학원 선생님 중에는 비전공자가 많습니다. 비전공자들은 초등 수학에 대한 충분한 개념과 원리를 설명하지 못하고, 공식 위주로 암기시키며 진도를 나가는 경우가 태반입니다. 따라서 초등 수학부터 아이들은 정확한 원리를 이해하지 못한 채 공식에 끼워 맞춰서 문제를 푸는 것이 익숙해집니다.

특히 개념을 배우기 전에 연산 교재를 풀면서 이것은 더욱 극대화됩니다. 아이들은 왜 이런 연산 규칙이 생겼는지 이해하지 못한 채 계산 알고리즘만 암기하고 문제를 풀기 시작합니다. 이때부터 개념에 대한 원리를 이해하지 못하고 수학을 공부하는 것에 익숙해집니다.

이것이 개념이 많아지는 중·고등 수학부터 크게 문제가 되고 수학을 못하게 되는 원인이 됩니다. 중·고등학생이 되어도 여전히 개념과 원리를 이해하지 못한 채 수학을 공부하게 되고, 그러다 보니 조금만 시간이 지나면 개념을 잊어버리게 되고 응용 문제를 풀지 못하게 되는 것입니다.

결국 초등 시절에 개념과 원리를 정확하게 이해하고, 왜 그런지 납득하고 공부하는 자세를 배우지 못한 학생들이 중·고등 시절에도 그런 식으로 공부하다가 수학을 못하게 되는 것입니다. 따라서 그것을 극복하기 위해서는 지금부터라도 '왜' 그런지 납득하고 공부하는 자세가 필요하고, 모든 공식을 일일이 유도할 수 있어야 합니다.

실력이 쌓이는
수학 공부 순서

외고와 국제고에 합격한 아이들 중에서 수학이 약한 아이들을 가르쳐 보면 공통적인 특징이 있습니다. 이 아이들은 대부분 학원도 다니고 과외를 했는데도 해결이 안 돼서 저희 학원에 오는 경우가 많습니다. 아이나 부모님이나 중학교까지 수학을 90점 이상 받았기 때문에 고등학교에서 수학을 못하는 이유를 납득하지 못합니다. 과외까지 했는데도 내신은 5~9등급이고, 모의고사도 3~4등급 수준입니다.

어렸을 때부터 잘못된 수학 공부 습관을 통해 더 이상 수학 실력이 늘지 않고, 과외로도 극복이 안되어 결국에는 수포자가 됩니다. 부모님도 올바른 수학 공부법을 몰라서 아이가 이런 상태가 되는 데 한 역할을 합니다.

다른 과목은 잘하는데 수학만 못하고, 과외를 해도 잘 극복이 안되는 외고/국제고생들을 보면 기본적인 해설지 독해 능력이 없는 경우가 많습니다. 그러다 보니 숙제도 거의 못하고 학원에서도 진도가 매우 느립니다. 아주 간단한 계산 과정도 잘 이해하지 못해서 질문을 하곤 합니다. 그러다 보니 이 아이들의 수학 학습량은 1등급 받는 학생들의 10%에도 못 미칩니다. 당연히 수학 성적이 잘 나올 수 없습니다. 이 아이들은 어쩌다 이렇게 됐을까요?

단 한 번도 스스로 수학을 극복하려는 노력을 해 보지 않았기 때문입니다. 초·중등 시절에는 조금 힘들고 어려우면 포기하고 넘어가도 시험 문제들이 쉬워서 90점 이상을 받았으니까요. 모르는 것은 해설지 독해도 하지 않고 질문을 해서 설명을 듣는 방식으로 쉽게 공부를 했습니다. 그러다 보니 해설지 독해 능력도 없고, 중등에 비해 3~4배 정도 많은 고등 학습량을 질문으로 다 해결할 수도 없습니다. 해결을 하더라도 귀로만 들은 설명은 빨리 잊어버리고, 잊어버린 것은 해설지를 봐도 이해하지 못하고, 그렇게 영원히 극복하지 못하는 딜레마에 빠진 것입니다.

단순히 설명을 잘해 주고, 질문을 잘 받아주는 학원이나 선생님을 찾는 것은 수학이 약한 학생들에게는 당장 필요한 산소 호흡기 역할만 할 뿐입니다. 고등학교에 가서 수포자가 되면 무슨 의미가 있을까요? 스스로 극복할 수 있는 방법을 배우고, 하나씩 공부하면서 학습 능력을 높일 수 있으면 좋겠습니다.

수학 공부하다가 막힐 때 극복하는 방법

개념 이해가 안될 때

개념 이해도 연습으로 극복이 됩니다. 제 자녀들은 초등 수학부터 혼자서 개념을 읽고 스스로 이해한 후 공부하게 연습을 시켜서 현재 중등 과정까지 개념 독학으로 스스로 공부하고 있습니다. 제가 가르쳐 주지 않아도 혼자서 개념을 읽고 공부합니다. 따로 인강 같은 것을 듣지도 않습니다. 여러분이 개념 이해가 안된다고 하는 이유는 누군가에게 개념을 듣고 모를 때마다 생각해 보지 않고 바로 물어보는 잘못된 습관 때문입니다. 그렇게 해서는 스스로 개념을 이해할 수 있는 능력을 기를 수 없습니다.

다음과 같은 방법으로 극복해 보세요. 학원을 다니는 경우는 학원에서 관리를 해 주기 때문에 인강을 들으면서 혼자서 공부하는 학생들에 대해서 말해 보겠습니다.

강의 듣기 전에 먼저 읽어 보기

개념 강의를 듣기 전에 개념을 먼저 읽어 보고 이해하려고 노력합니다. 개념서의 개념을 그림 중심으로 훑어봅니다. 그리고 개념을 정독합니다. 이해가 안되면 너무 시간을 끌지 말고 그 부분만 밑줄을 긋고 읽어 나갑니다. 그리고 개념 강의를 듣습니다.

개념 강의 듣기

개념 강의를 들으면서 필요한 것은 연습장에 낙서하듯이 편하게 메모하며 듣습니다. 교재에 메모를 해도 괜찮습니다. 어느 정도 정리해야 할 것이 생기면 잠깐 강의를 정지시키고 개념 노트에 지금까지 들은 강의 내용을 정리합니다. 다른 사람이나 스스로에게 그 내용을 설명해 봅니다. 그리고 다시 개념 강의를 듣고 이 행위를 반복합니다.

이해가 안되는 것들

이렇게 공부해도 이해가 안되는 것들이 생기면 개념서를 정독하고, 그 내용을 연습장에 하나씩 써 보거나 필사를 하면서 이해하려는 노력을 합니다. 이해가 안되는 이유는 여러분의 개념 이해력과 문해력이 부족해서일 수 있습니다. 지금부터라도 독서를 꾸준히 하고, 문장을 정리하고 쓰면서 문장 자체가 어떤 의미인지 이해하려는 노력을 합니다. 문장이 길면 한 줄 단위로 의미를 정리하면서 읽습니다.

그래도 이해가 안되는 것들은 학교 선생님이나 학원 선생님에게 질문합니다. 충분히 적극적인 노력으로 학습 능력을 높이는 연습을 했지만, 단지 아직 개념 이해력이 부족한 상태입니다. 앞으로 더욱 좋아질 것이고 고등 수학부터 더욱 잘 해낼 수 있는 습관을 만들고 있는 것입니다.

문제가 안 풀릴 때

개념과 원리 다시 정리하기

문제가 안 풀리는 가장 핵심적인 이유는 개념이 장기기억에 충분히 저장되지 않았기 때문입니다. 그 문제에 해당하는 개념을 정독하고 개념 강의를 다시 들으면서 개념을 정리합니다. 개념을 연습장에 써 가며 설명하면 더욱 좋습니다.

수학 5등급이었는데 자기 자신에게 설명하기 방법을 통해 수학 전교 2등까지 올라 서울대에 합격한 제자가 있습니다. 그 제자는 스스로에게 개념이나 틀린 문제들을 설명하는 방법을 썼는데 그것이 무척 효과적이었다고 합니다. 서울대에 들어갈 정도면 여러분도 한 번 해 볼 만하지 않나요? 시간이 오래 걸리는 것 같지만 결국에는 단축됩니다.

또 다른 이유로는 개념은 알고 있으나 원리는 잘 모르는 상태입니다. 가령 평행사변형의 정의와 성질은 알고 있으나 왜 그런지 모르는 상태입니다. 평행사변형의 정의는 암기의 대상이지만 성질은 왜 그런지 증명을 이해하고 증명의 과정을 암기해야 합니다. 평행사변형의 성질은 삼각형의 합동을 이용해서 증명이 가능합니다.

대부분의 학생은 평행사변형의 성질을 암기했다가 잊어버려서 문제를 못 풉니다. 만약 잊어버렸더라도 원리를 정확히 이해했다면 문제에서 주어진 성질을 일일이 유도해서 풀 수 있습니다. 이처럼 수학의 개념은 이해와 암기와 더불어 그것이 왜 성립하는지 유도할 수 있고 증명할 수 있어야 개념을 잊어버렸더라도 스스로 유도해서 문제를 풀 수 있습니다.

유사 유형 풀이 살펴보기

문제가 안 풀리면 유사 유형 풀이를 살펴보고 인강 강의도 다시 듣습니다. 그래도 안 풀리면 해설지를 지우개로 가리면서 한 줄씩 읽어 가며 실마리가 떠오르면 풀도록 합니다. 해설지를 한 줄씩 읽어 가는 과정에서 계속 안 풀리면 해설지를 다 읽을 수밖에 없습니다. 해설지를 다 읽고 이해했으면 별표를 쳐서 일주일 이상 시간이 흐른 후 다시 풀어 봅니다. 해설지를 다 읽어 봤는데도 이해가 안되면 학교 선생님이나 학원 선생님에게 질문을 합니다. 이러면 해설지 독해 능력이 생겨 고등학교에 가도 절대로 수포자가 되지 않고, 수학을 못한다 하더라도 상위 3~4등급(상위 11~40%)은 유지합니다.

수학 공부와 메타인지

메타인지는 내가 무엇을 알고, 무엇을 모르는지 판단하는 능력입니다. 학자들의 연구 결과에 의하면 최상위권과 나머지 학생들을 가르는 결정적인 이유는 두뇌나 유전자가 아니고 메타인지 능력이라고 합니다. 그런데 이것은 매우 추상적이라 어떤 느낌으로 말할 수는 없습니다. 즉 '어느 정도 느낌이 와야 내가 이것을 알고 있는 것이고, 그런 느낌이 아니면 모르는 것이다.'라고 말하기 힘들다는 것입니다.

그럼 도대체 메타인지 능력이 있어야 공부를 잘한다는데 메타인지 능력은 어떻게 기를 수 있을까요?

메타인지 능력을 기르는 것은 기준점을 잡아 가는 것입니다. 구체적인 활동이나 교재를 가지고 기준점을 잡아 갑니다. 개념을 공부한다면 어느 정도 해야 개념을 완벽히 아는지 스스로 기준점을 찾아갑니다.

예를 들어 개념 수업을 들었는데도 개념 교재 정답률이 높지 않다면 개념이 제대로 학습되지 않은 것입니다. 그러면 한 단계를 더 늘립니다. 개념 교재를 필사하거나 나만의 언어로 요약정리합니다. 그리고 개념 교재를 풀어 봅니다.

여전히 정답률이 높지 않다면 한 단계를 추가합니다. 흰 백지에 개념의 소제목(키워드)을 적고 백지 개념 테스트를 해 봅니다. 머릿속에 개념을 떠올리며 적는 것입니다.

그래도 개념 교재 정답률이 낮다면 화이트보드에 개념 설명을 해 봅니다. 교재나 인강을 보지 않고 완벽하게 개념 설명이 된 후 개념 교재를 풀어 봅니다.

이런 다양한 활동을 하면서 어떤 활동을 했을 때 개념 교재 정답률이 높아서 개념을 제대로 공부했다고 할 수 있는지를 찾아갑니다. 여러 가지 활동을 통해 개념을 잡아 갈 수도 있으니 다양한 방식으로 조합을 하며 실험을 해 봅니다. 그래서 개념 공부에 대한 나만의 기준점을 만들어 갑니다.

틀린 문제에 대한 오답 정리도 마찬가지입니다. 틀린 문제를 선생님에게 질문하거나 해설을 보고 이해한 후 나중에 그 문제를 봤는데 또 안 풀린다면 일정한 시간이 지난 후 다시 푸는 행위를 1회 실시합니다. 그리고 나중에 또 풀어 봐서 풀리는지 안 풀리는지 확인합니다. 다시 푸는 시점은 문제에 대한 기억이 사라진 후여야 하니 최소 1주일 후가 좋습니다. 그래도 안 풀리면 이 행위를 반복합니다.

이렇게 반복하다 보면 몇 번 정도 오답 정리를 해야 머릿속에 저장되는지를 알 수 있습니다. 3번 정도면 저장이 되는 사람도 있을 것이고, 6번은 해야 저장이 되는 사람도 있을 것입니다. 이런 과정을 통해 오답 정리에 대한 나만의 기준점이 생기고, 이것이 바로 메타인지 능력이 됩니다.

이런 것이 반복되면 자연스럽게 어떤 것을 머릿속에 저장하기 위해서는 어떤 활동들을 해야 하는지를 알게 됩니다. 그리고 그것은 습관이 됩니다.

저는 어떤 책을 읽거나 영상을 볼 때, 이것을 기억해야겠다고 하면 다음 3가지 활동을 합니다.

첫째, 머릿속으로 누군가에게 그 내용을 설명하는 상상을 합니다. 그 내용을 떠올리면서 누군가 나에게 물어보고 내가 대답하는 방식의 인터뷰를 한다고 생각하는 경우도 있고, 청중 앞에서 강연을 한다고 상상하며 그 내용을 설명하는 경우도 있습니다.

둘째, 실제 설명하기를 합니다. 주로 수업을 할 때 학생들에게 칠판에 써 가며 설명을 합니다.

셋째, 키워드 중심으로 그 내용을 노트나 컴퓨터에 정리합니다.

이 3가지가 저의 메타인지입니다. 이 3가지를 실천해야 방금 공부한 내용이 오랫동안 머릿속에 남아 있고, 언제든 필요할 때마다 끄집어내서 사용할 수 있다는 것을 오랫동안 연습하면서 알게 된 것이죠.

자, 이제 메타인지가 무엇인지 알았으니 공부를 하면서 나만의 기준점을 만들어 가는 것을 실천해 보세요.

1. 수학 공부하다가 막힐 때 극복하는 방법

① 개념 이해가 안될 때

- 개념서를 훑어본 후 정독한다.

- 이해가 안되는 부분은 밑줄을 긋고 넘긴다.

- 개념 강의를 들으면서 필요한 것은 메모한다.

- 정리할 것이 생기면 강의를 멈추고 정리하고, 자신 또는 타인에게 그 내용을 설명한다.

- 이해가 안되는 것들은 정독하고, 필사하면서 이해하도록 노력한다.

- 그럼에도 불구하고 이해가 안된다면 선생님에게 질문한다.

② 문제가 안 풀릴 때

- 개념을 정독하고 개념 강의를 다시 들으면서 개념을 정리한다.

- 원리를 이해하지 못한 경우라면 왜 그런 것인지 스스로 증명해 본다.

- 유사한 유형의 문제를 풀고 인강을 다시 듣는다.

- 해설지를 한 줄씩만 보고 푼다.

- 해설지를 전부 보고 풀었다면 시간이 지난 후 다시 풀어 본다.

2. 수학 공부와 메타인지

① 메타인지 능력을 기르는 방법

- 메타인지 능력이란 내가 알고 있는지 모르고 있는지 인지하는 능력이다.

- 스스로 메타인지 능력이 있는지 알기는 매우 어렵다.

- 따라서 기준점(활동, 교재)을 잡은 후 공부하자.

② 구체적인 방법

- 머릿속으로 누군가에게 그 내용을 설명하는 상상하기

- 실제로 설명하기

- 키워드 중심으로 내용 정리하기

점수가 나오는
진짜 수학 공부법

수학 개념 공부법

개념과 원리

수학에서 개념의 뜻

수학 개념이란 대학 수준에서는 정의definition와 정리theorem를 뜻하고, 중·고등 수준에서는 정의(약속)와 성질(공식)을 뜻합니다. 기본 개념/확장 개념/심화 개념이라는 분류나 용어는 없지만, 이해를 돕기 위해 분류해서 설명해 보겠습니다.

기본 개념 및 기본 개념 공부법

수학 교과서나 기본서에 있는 개념을 수학 기본 개념이라고 합니다. 기본 개념을 학습한다는 것은 개념을 읽고, 예제를 통해 개념이 문제에 어떻게 적용되는지 확인하고, 유제를 풀면서 추상적인 개념을 구체화시켜 머릿속에 집어넣는 것을 뜻합니다.

따라서 기본 개념 학습 시에는 문제를 푸는 데 집중하는 것이 아니라 개념을 이해하는 데 집중해야 합니다. 즉 문제 자체의 맞고 틀림보다는 문제를 통해 개념을 정확히 이해하는 것이 중요합니다.

해설을 읽으며 개념이 문제 속에 어떻게 녹아나는지 이해하는 것도 좋은 방법입니다. 기본 개념 문제는 해설을 읽으며 공부해도 상관없습니다. 그 자체가 개념 학습이라고 생각하면 됩니다.

확장 개념 및 확장 개념 공부법

확장 개념은 기본 개념에서 파생될 수 있는 세분화된 개념, 즉 흐름과 맥락을 가지고 문제와 함께 엮어 만든 유형서를 학습하면서 얻게 되는 개념을 뜻합니다. 수학을 잘하는 학생은 기본 개념으로부터 쉽게 확장 개념을 유추해 낼 수 있지만 수학이 약한 학생이라면 따로 확장 개념을 공부할 필요가 있습니다.

따라서 수학을 잘하는 학생은 개념서(기본 개념) 학습 이후, 유형서(확장 개념) 학습을 건너뛰고 심화서(심화 개념)를 학습해도 아무 문제가 없으나, 수학을 못하는 학생은 개념서 학습 이후에 유형서를 필수적으로 해야 하는 경우가 많습니다.

유형서 학습 시에는 다음 2가지를 꼭 신경 써야 합니다.

첫째, 유형서에는 비슷한 유형의 문제들이 반복되므로 유형에 있는 모든 문제를 다 풀고 다음 유형으로 가면 학습 효과가 떨어집니다.

따라서 유형별로 한 문제씩 골라서 풀고, 그것이 마무리된 후 유형별로 또 다른 문제를 골라서 푸는 인터리빙 방식으로 공부해야 합니다.

둘째, 기본 개념으로부터 확장된 다양한 유형이 나오므로 유형서 학습이 마무리된 후에 해설지 독해를 통해 정확한 방법으로 문제를 풀었는지 확인해야 합니다.

심화 개념 및 심화 개념 공부법

심화 개념은 심화 교재나 킬러형 고난도 문제, 신유형 문제 등에 들어 있는 개념을 의미합니다. 이런 심화 개념들을 정리한다면 심화 문제를 평소보다 수월하게 해결할 수 있습니다. 그러나 최상위권을 목표로 한다면 심화 개념을 통해 문제를 풀기보다는 기본 개념만 가지고 심화 문제를 해결하는 것을 추천합니다. 특히 대학 입시 시험인 수능에서는 비정형화된 문제(처음 보는 낯선 문제)가 출제되므로 심화 개념을 공부하고 익히는 것이 크게 도움이 되지 않습니다.

따라서 기본 개념만 가지고 심화 문제를 푸는 연습이 더욱 바람직합니다. 기본 개념만 가지고 심화 문제를 풀 때는 중간에 연결고리들을 추론해야 합니다. 그러기 위해서는 평소 깊이 있는 학습과 '왜?'라는 질문을 던지고 납득하며 공부하는 자세가 필요합니다.

당연한 것에 대해 의문을 가지고, 왜 그런지를 따지며 공부합니다. 예를 들어 삼각형 내각의 합이 180°인 것이 궁금하다면 그 이유를 끝까지 찾아보고 납득한 후 넘어가는 자세가 필요합니다.

기본 개념, 확장 개념, 심화 개념 예시

〈기본 개념 예시 및 적용 문제〉

$$(\text{소금물 농도}) = \frac{(\text{소금의 양})}{(\text{소금물의 양})} \times 100(\%)$$

[문제] 10% 의 소금물 $200\,\text{g}$에 물을 넣어 농도가 8%가 되게 하려고 한다. 물 몇 g을 넣어야 하는지 구하시오.

[풀이] 10% 소금물 200g에는 소금 20g이 들어 있다. 여기에 물 $x\,\text{g}$을 넣는다고 하면 소금물의 양은 $(200+x)\,\text{g}$이지만, 소금의 양은 변함없이 20g이다.

$$\frac{20}{200+x} \times 100 = 8 \rightarrow 2000 = 8 \times (200+x) \quad \therefore \quad x = 50$$

〈확장 개념 예시 및 적용 문제〉

$$(\text{소금의 양}) = \frac{(\text{소금물의 농도})}{100} \times (\text{소금물의 양})$$

[문제] 20%의 소금물이 있다. 여기에 소금 20g을 더 넣어 30%의 소금물을 만든다면 처음 20%의 소금물은 몇 g인지 구하시오.

[풀이] 소금의 양이 같다는 것을 이용한다. 20%의 소금물의 양을 $x\,\text{g}$이라 하면

$$\frac{20}{100} \times x + 20 = \frac{30}{100} \times (x+20)$$

$$\to 20x + 2000 = 30x + 600 \to -10x = -1400$$

$$\therefore \ x = 140$$

따라서 처음 20%의 소금물의 양은 140g이다.

〈심화 개념 예시 및 적용 문제〉

소금물 간의 농도의 비교는 소금의 양의 비교로 바꿔서 해결한다.

소금물의 농도가 $a\%$이상 $b\%$ 이하이다.

$$a\% \leq (소금물의\ 농도) \leq b\% \to a \leq \frac{(소금의\ 양)}{(소금물의\ 양)} \times 100 \leq b$$

$$\to \frac{a}{100} \times (소금물의\ 양) \leq (소금의\ 양) \leq \frac{b}{100} \times (소금물의\ 양)$$

문제 농도가 5%인 소금물에 농도가 13%인 소금물을 넣어서 농도

가 8% 이상 10% 이하인 소금물 400g을 만들려고 한다. 이

때 넣어야 할 13%의 소금물의 양의 범위를 구하시오.

풀이 농도가 13%인 소금물을 xg 넣는다고 하면 농도가 5%인 소

금물은 $(400 - x)$g이므로

$$\frac{8}{100} \times 400 \leq \frac{5}{100} \times (400 - x) + \frac{13}{100} \times x \leq \frac{10}{100} \times 400$$

$$3200 \leq 8x + 2000 \leq 4000$$

$$1200 \leq 8x \leq 2000 \qquad\qquad \therefore \ 150 \leq x \leq 250$$

개념은 정의와 정리로 이루어져 있습니다. 정의는 이름 붙이기입니다. "두 쌍의 대변이 평행한 사각형은 평행사변형이다." 이런 것이 정의입니다.

'정리'란 참/거짓을 구별할 수 있는 문장 중에서 '참'임이 증명이 된 문장을 뜻합니다. 평행사변형과 관련한 정리 중 하나는 "평행사변형의 대각선은 서로 다른 것을 이등분한다."와 같은 것이 있습니다. 이러한 정리는 증명이 가능하고 이런 증명을 원리라고 부릅니다. 꼭 증명이 아니라도 어떤 개념이 '왜' 성립하는지에 관련한 것을 원리라고 생각해도 됩니다.

예를 들어 초등학교 때 곱셈의 원리는 '동수 누가'라는 개념으로 설명합니다. $2 \times 3 = 2 + 2 + 2$와 같이 '같은 수를 더한다.'는 뜻입니다. 초등학교 때 곱셈에 대한 원리를 제대로 이해해야 중학교 때 다음과 같은 연산을 이해할 수 있습니다.

$$2x + 3x = (x + x) + (x + x + x) = 5x$$

중학교 때 이차방정식의 근의 공식을 유도하는 과정은 다음과 같습니다. 아주 간단한 등식의 성질을 이용하는 것입니다. 여기서 이용되는 등식의 성질은 "등식의 양변에 같은 수를 더하거나 빼거나 곱하거나 0이 아닌 수로 나눠도 등식은 성립한다."라는 것입니다.

$$ax^2 + bx + c = 0 \, (a \neq 0) : \text{등식의 양변을 } a \text{로 나눈다.}$$

$$x^2 + \frac{b}{a}x = -\frac{c}{a} \quad : \text{등식의 양변에 } \frac{b^2}{4a^2} \text{을 더한다.}$$

$$x^2 + \frac{b}{a}x + \frac{b^2}{4a^2} = -\frac{c}{a} + \frac{b^2}{4a^2} \quad : \text{양변을 간단히 정리한다.}$$

$$(x + \frac{b}{2a})^2 = \frac{b^2 - 4ac}{4a^2} \rightarrow x + \frac{b}{2a} = \pm\sqrt{\frac{b^2 - 4ac}{4a^2}}$$

$$\rightarrow x = -\frac{b}{2a} \pm \frac{\sqrt{b^2 - 4ac}}{2a}$$

$$\rightarrow x = \frac{-b \pm \sqrt{b^2 - 4ac}}{2a}$$

이 과정을 다 이해하고, 암기해야 다음 단원인 이차함수의 꼭짓점 구하는 공식을 유도할 수 있습니다. 그러나 대부분의 학생은 이런 원리에 대한 이해와 과정에 대한 암기 없이 결과인 공식만 암기하기 때문에 수학을 잘할 수가 없습니다. 원리를 모르는 암기는 무의미한 공식의 암기이기 때문에 장기기억에 저장되지 않고, 문제가 조금만 변형돼도 못 풀게 됩니다.

10각형의 내각의 합을 알고 있나요?

아마 암기하고 있지 못할 것입니다. 이때 다음 원리를 기억하고 있다면 10각형의 내각의 합을 구할 수 있습니다.

어떤 다각형을 자르면 삼각형이 꼭짓점의 개수보다 2개 적게 만들어집니다. 사각형은 삼각형이 2개 만들어지고 오각형은 삼각형이 3개 만들어집니다. 삼각형의 내각의 합은 180°이므로 오각형의 내각의 합은 180°×3=540°입니다. 따라서 10각형도 삼각형이 2개 적게 만들어지므로 내각의 합은 180°×8=1440°임을 알 수 있습니다.

수학을 못하는 학생들은 'what'에 대한 공부를 주로 합니다. 즉 공식이 뭔지, 정리가 뭔지, 정의가 뭔지 그것만 암기하고 공부할 가능성이 높습니다. 그러나 수학은 'what'이 아니라 'why'와 'how'에 대한 공부를 해야 합니다. 즉 왜 성립하고 어떻게 유도되는지를 알아야 수학을 잘할 수 있습니다. 이 'why'와 'how'에 대한 내용이 원리라고 생각하면 됩니다.

개념 공부가 제대로 되지 않으면

개념 공부가 제대로 안되었다는 것은 2가지를 의미합니다. 하나는 개념과 원리를 이해했지만 잊어버리는 것이고, 또 하나는 개념과 원리를 이해하지 못한 채 잊어버리는 것입니다.

개념과 그것이 성립하는 원리를 모르면 교재에 나와 있는 공식을 보고 일일이 끼워 맞추듯이 문제를 풀게 되어 정답률이 들쑥날쑥하게 되고, 조금만 변형이 되어도 문제를 못 푸는 일이 벌어집니다.

학생들을 지도해 보면 응용 교재에서 오답이 많이 발생하는 경우를 볼 수 있습니다. 한 학생이 중2-1의 일차함수 응용 부분에 오답이 많아 점검해 보니, 기본 개념인 일차함수의 기울기 의미, x절편, y절편 등을 제대로 모르고, 기울기를 구하는 방법조차 모르고 있었습니다. 당연히 이 학생은 응용 교재를 잘 풀 수가 없습니다.

그 학생은 개념과 원리를 잊어버린 것입니다. 잊어버리는 것은 이해할 수 있습니다. 그러나 본인이 잊어버렸다는 것을 인식했다면 개념서에 있는 개념과 증명 과정을 복습하여 개념과 원리를 익히고 문제를 풀어야 합니다. 그것이 아니면 선생님에게 질문하여 개념을 다지고 공부를 해야 합니다.

그런데 대부분의 학생은 아무렇지 않게 문제를 풀고 틀리고, 개념도 모른 채 고칩니다. 그래서 수학을 못하는 것입니다. 개념을 잊어버린 채 오답 정리를 하니 정확히 풀 수 없고, 정답률이 들쑥날쑥해질 수밖에 없습니다.

항상 기억해야 할 것은, 잊어버릴 수는 있으나 잊어버렸다면 개념과 원리를 복습하여 정확히 아는 습관을 길러야 한다는 것입니다.

개념을 공부하는 다양한 방법

개념 배우기

개념 독학

개념 독학이란 스스로 개념을 읽고 이해하는 것을 뜻합니다. 지금과 같이 사교육이 활성화된 시절에는 '과연 그게 될까?'라는 생각을 할 수도 있지만, 제가 중·고등학생이던 시절만 하더라도 대부분의 학생은 혼자서 개념을 읽고 공부했습니다. 그 당시에는 수학 교재가 많지 않아서 주로 교과서나 '기본 정석' 등을 보면서 개념을 독학했습니다.

그렇다면 개념 독학을 하는 방법은 무엇일까요?

첫째, 좋은 개념서를 선택합니다.

좋은 개념서(기본서)의 기준은 설명이 충분히 잘되어 있어야 합니다. 누군가의 설명을 듣고 공부하는 것이 아니기 때문에 스스로 읽고 이해할 수 있게 개념이 쉽고 자세하게 설명되어 있어야 합니다. 그리고 개념이 문제 속에 어떻게 녹아나는지를 확인할 수 있도록 필수 예제 밑에 풀이가 있어야 합니다. 마지막으로 해설이 친절해야 합니다. 선생님이 설명하듯이 자세한 해설이 있는 교재가 좋습니다.

둘째, 개념 독해를 해야 합니다.

개념 독해는 그냥 개념을 읽고 이해해도 되고, 개념을 읽어 가면서 일일이 필사를 해도 좋습니다. 제가 추천하는 방법은 일단 개념을 읽고 기본 문제까지 푼 후, 개념 노트에 전체적인 개념의 내용을 자기만의 언어로 정리하는 것입니다. 보통 개념만 읽어서는 개념의 의미를 정확히 모르는 경우가 많기 때문입니다.

따라서 개념 읽기와 더불어 기본 문제(필수 예제+유제)까지 푼 후, 개념에 대해 어느 정도 윤곽이 잡혔을 때 개념을 노트에 정리하는 것이 좋습니다. 노트에 정리할 때는 개념뿐만 아니라 그 개념을 이해하는 데 도움이 되는 문제도 함께 정리합니다.

개념 독해는 개념을 이해하는 이해력뿐만 아니라 이해한 개념을 바탕으로 스스로 문제를 풀기 때문에 추론 능력도 향상시켜 줍니다.

즉 단순한 개념 학습을 떠나서 학습 능력 자체를 높여 준다고 할 수 있습니다.

개념 인강

인강 듣기는 스스로 개념을 독학하기 힘들거나 빠른 시간에 개념을 정리하고 싶을 때 하면 좋은 방법입니다. 혹은 개념을 독학한 후 복습용으로 인강을 들어도 좋습니다. 개념 독학을 하다 보면 자칫 놓치는 개념이나 개념 오독 등이 생길 수 있습니다. 이것을 방지하기 위해 개념 독학과 개념 노트 정리까지 끝나면 인강 듣기를 통해 복습하는 것입니다.

인강을 들을 때는 항상 연습장을 펼쳐 놓고, 중요한 내용을 메모하면서 듣도록 합니다. 메모할 때는 정리한다는 느낌이 아니라 필요한 것들만 메모한다는 마음으로 합니다.

인강 듣기가 끝나면 개념서를 읽으면서 인강을 들을 때 메모한 내용과 개념서에 있는 내용을 정리하여 나만의 개념 노트를 만들도록 합니다.

학원 다니기

학원을 가게 되면 개념뿐만 아니라 많은 것이 쉽게 해결됩니다. 그러나 학원이나 과외는 대부분 '가르치기'가 주가 되는 방식으로 학생들을 지도합니다. 그런데 누군가에게 계속 배우기만 하면 학습 능력이 자라지 않습니다.

따라서 학원을 효과적으로 다니기 위해서는 미리 예습(개념 독해)을 하고 학원에서 개념을 듣는 것을 추천합니다. 예습을 통해 전체적인 개념의 흐름을 잡고, 학원에서 수업을 통해 정확한 개념을 배우고, 집에서 복습을 통해 완벽히 개념을 정리합니다.

개념 다지기

개념을 공부했다고 끝나는 것이 아닙니다. 개념 공부를 해도 제대로 이해하지 못하고 넘어간 것이 있을 수 있고, 이해를 했다고 해도 금방 잊어버리는 경우도 많습니다. 따라서 개념 공부를 한 후 제대로 이해했는지 확인하는 작업과 공부한 것을 장기기억에 저장하는 작업이 필요합니다.

개념 복습

상위권에게 추천하는 방법입니다. 개념 공부를 한 후 문제를 풀다가 막힐 때마다 개념을 복습하는 것입니다. 즉 처음 개념 공부를 할 때 모든 개념을 완벽하게 이해·암기하지 않고, 문제를 푸는 과정에서 자신이 제대로 개념 학습이 안된 부분을 찾아낸 후, 그 부분을 복습하는 방식입니다.

실제로 학생들을 가르쳐 보면 개념 학습 이후 문제를 잘 못 풉니다. 학생들이 틀리는 문제는 그 원인이 대부분 개념을 잊어버렸기 때문입니다. 그럴 경우 저는 학생들에게 어느 부분을 복습하면 될지를 알려 주고, 그 부분을 복습한 후 문제를 다시 풀게 합니다. 그러면 대부분 스스로 못 푼 문제를 해결합니다.

개념서에서 풀지 못한 대부분의 문제는 개념을 잊어버렸기 때문이므로 오랫동안 생각하는 것보다는 그 문제와 관련된 개념을 찾아보고 복습하는 것이 중요합니다. 문제를 풀어 가는 과정에서 이런 식으로 자연스럽게 개념을 복습하고, 문제와 함께 개념을 익히는 것을 추천합니다. 이런 방식은 뇌과학에서도 추천하는, 잊어버리고 다시 복습하여 장기기억에 저장하는 방법과도 일치합니다.

개념 필사

아직 개념 학습 습관이 잡히지 않은 저학년이나 하위권에게 추천하는 방법입니다. 인간의 뇌와 손은 서로 연결되어 있다고 합니다. 따라서 이해가 안되는 것은 손으로 쓰기만 해도 이해가 되는 효과가 있습니다.

개념 필사는 이러한 원리를 이용하는 것입니다. 개념 학습이 끝난 후 개념서에 있는 개념을 그대로 필사합니다. 이때 중요한 것은 손으로 쓰게 되면 속도가 느리니 자연스럽게 충분히 개념을 이해하고 머리로 내용을 생각하면서 써 내려가야 한다는 것입니다. 즉 음미하면서 써야 합니다. 개념 필사라고 해서 의미도 생각하지 않고 그냥 베껴 쓰는 것은 아무런 효과가 없습니다.

개념 요약정리

개념 학습이 끝난 후 개념을 나만의 언어로 정리하는 방법입니다.

개념 필사보다는 발전된 방법입니다. 공부한 것을 장기기억에 저장하기 위해서는 개념을 재구성해서 구조화하는 능동적인 작업이 필요합니다.

노트에 개념 요약정리를 할 때는 여백을 많이 비워 두며 정리합니다. 여백을 두는 이유는 나중에 추가할 내용이 있으면 업데이트를 하기 위해서입니다. 이렇게 정리된 개념 노트는 개념을 잊어버릴 때마다 개념서 대신 봐도 될 정도로 완벽하게 정리하려고 노력합니다.

백지 개념 테스트

개념을 장기기억에 잘 저장하지 못할 때는 뇌과학에서 추천하는 회상하기 방법을 이용합니다. 회상하기라는 것은 내용을 보지 않고 떠올리는 것을 뜻합니다. 마치 시험과 비슷하다고 생각하면 좋습니다.

특정 단원에 대해서 개념 공부를 했다면 이 단원의 내용이 뭔지를 하얀 백지에 떠올리며 써 보는 것입니다. 처음에는 이 작업이 어려울 수 있습니다. 그럴 때는 개념서의 개념에 있는 소제목들을 적어서 하면 됩니다. 그것이 익숙해지면 아예 하얀 백지에다가 그 단원의 개념을 써 보는 것입니다.

백지 개념 테스트는 따로 답지가 없으므로 개념 테스트가 끝난 후 개념서를 보며 부족한 부분을 보완해서 적도록 합니다. 이때 필기도구의 색깔을 구분하면 좋습니다. 예를 들어 개념 테스트를 할 때는 검정색 필기도구를 쓰고, 개념서를 보며 개념 테스트의 부족한 부분을 메꿀 때는 파란색이나 **빨간색** 필기도구를 사용합니다. 이러면 내가 무엇이 부족하거나 정확히 모르는지를 한눈에 알 수 있게 됩니다.

개념 테스트가 끝나면 일정 시간이 지난 후 다시 개념 테스트를 반복하여 답안이 완벽해질 때까지 반복합니다.

〈백지 개념 테스트 1단계 : 소제목 적기〉 중1-1

1. 소수가 무엇인지 예를 들어 설명하시오.

2. 합성수가 무엇인지 예를 들어 설명하시오.

3. 약수의 개수가 3개인 수를 예를 들어 설명하시오.

4. 거듭제곱을 이용하여 어떤 수를 소인수분해하는 방법을 예를 들어 설명하시오.

〈백지 개념 테스트 2단계 : 전체 개념 한 번에 적기〉

Q. 소수와 합성수, 소인수분해를 설명해 보시오.

개념 설명

개념 설명은 말 그대로 내가 선생님이 돼서 설명하는 것입니다. 어떤 개념을 배웠을 때 그것을 머릿속으로 정리해 본 후 말로 설명합니다. 집에 칠판이 있다면 칠판에 쓰면서 설명하는 것도 좋고, 없다면 연습장에 쓰면서 설명해도 됩니다. 중요한 것은 개념서의 내용을 머릿속에서 떠올리면서 설명하는 것입니다.

'설명하기'는 '말하기'도 하지만 '쓰기'도 하기 때문에 머릿속에 가장 잘 각인되는 방법이라고 할 수 있습니다. 처음 설명하기를 할 때는 간단한 개요 작성을 합니다. 이런 개요 작성은 개념 테스트의 소제목을 쓰는 것과 유사합니다. 그런 개요 작성을 보며 자세히 설명하는 것입니다.

개념서를 펼치고 내용을 보며 설명하는 것은 머릿속에 잘 저장되지 않습니다. 개념서의 내용을 숙지한 후 머릿속으로 떠올리면서 설명하기를 해야 개념이 잘 이해되고 암기가 됩니다. 설명하기의 장점은 암기도 잘되지만 내가 정확하게 이해하지 못한 것을 찾아내는 데도 효과적입니다.

막상 다 아는 것 같아도 말로 설명을 하다 보면 부드럽게 표현이 안되는 것들이 나오기 마련입니다. 그 부분이 내가 제대로 이해하지 못한 부분입니다. 그 부분을 다시 복습을 해서 정확히 알고 설명하기를 이어 갑니다.

'설명하기'를 할 때 옆에서 누군가가 설명하는 내용을 들으면서 질문을 던져 주면 더욱 좋습니다.

"그 부분은 왜 그렇지?"

"어떻게 유도되는지 보여 줄래?"

이런 식으로 설명이 부족한 부분에 대해서 누군가 질문을 던져 주어 설명하는 사람이 다시 한 번 생각해 보게 해 주는 것입니다. 따라서 '설명하기'는 2인 1조가 되어서 하는 것이 좋습니다.

설명하기는 개념뿐만 아니라 문제 풀이를 할 때도 유용합니다. 한 번 틀린 문제는 오답 정리를 할 때 설명하기로 하면 머릿속에 각인이 잘됩니다.

개념을 쉽게 잊어버리는 경우 극복 방법

개념은 수학을 잘하기 위한 필수조건입니다. 개념을 모르면 문제 자체를 풀 수 없습니다. 따라서 개념은 반드시 정확한 이해와 더불어 암기되어 있어서, 필요할 때마다 끄집어내서 써먹을 수 있어야 합니다. 개념을 자주 잊어버리는 학생은 개념 '누적하기'를 이용합니다.

'누적하기'란 '백지 개념 테스트'나 '개념 설명'을 할 때 전에 했던 단원들을 누적하는 방식을 뜻합니다. 예를 들어 1단원이 끝나고 2단원 '백지 개념 테스트'나 '개념 설명'을 할 때 1단원의 개념을 다시 복습하고, 2단원도 같이 하는 것입니다. 그리고 3단원을 할 때는 1, 2단원을 누적해서 같이 하는 것입니다. 시간이 걸리고 귀찮더라도 반드시 이런 '누적하기' 방법을 쓰는 것을 추천합니다.

개념 암기 방법

수학 개념은 전체적인 흐름과 맥락을 파악한 후 개념이 적용된 문제와 함께 이해되고 암기되어야 합니다. 따라서 개념 노트를 만들 때 예제 문제도 함께 정리하면 좋습니다. 정리된 개념 노트는 수시로 읽고, 문제를 풀 때는 개념 노트를 펼쳐 놓고 보면서 문제를 풉니다.

시간이 부족한 경우 개념 노트 대체하는 법

일단 개념서 한 권을 정합니다. 개념서에 있는 모든 개념과 정의, 정리, 증명, 보기 문제와 풀이, 필수 예제 문제와 풀이 등을 정독합니다. 대부분의 개념서는 필수 예제 아래에 풀이가 있습니다. 개념서의 문제를 풀지 않고, 풀이가 있는 필수 예제까지 읽습니다.

이 과정을 반복하면서 개념을 암기합니다. 개념 노트를 따로 만드는 것은 시간이 오래 걸리므로 시간이 부족할 때는 개념서의 일부만 이런 방식으로 여러 번 다회독하는 방식을 추천합니다.

수학 문제 풀이법

기본 문제

기본 문제는 개념서에 있는 문제를 뜻합니다. 개념서를 공부하는 이유는 개념을 정확하게 익히기 위해서입니다. 개념을 정확하게 익히기 위해서는 누군가 날카로운 질문을 던져 주고 내가 그것에 대해 설명을 하면 좋습니다. 그런 질문에 해당하는 것이 문제입니다. 따라서 개념서 문제를 푼다는 것은 개념서의 개념을 정확히 익히는 과정이라고 생각하면 됩니다.

그럼 구체적으로 개념서 문제는 어떻게 푸는 것일까요?

문제를 풀다가 막히면 무조건 개념으로 돌아갑니다. 문제를 풀다가 막힌다는 것은 무언가 개념을 놓쳤다는 것을 의미합니다. 개념을 다시 읽고 혹시 이해하지 못한 개념이 있는지 확인합니다. 그리고 나서 문제를 다시 풀어 봅니다. 개념서에서 막히는 문제는 대부분 개념을 다시 읽어 보기만 하면 풀리게 되어 있습니다. 그 과정을 통해서 개념을 머리에 집어넣는다고 생각하면 됩니다.

개념을 다시 읽어 봐도 안 풀리는 문제는 해설을 정독하며, 개념을 어떻게 적용하는지 확인하고 그 내용을 정리합니다. 개념을 공부하고 처음 풀어 보는 교재가 개념서이므로 가급적 개념서의 해설은 틀린 문제뿐만 아니라 맞힌 문제도 읽어 보며 혹시 모를 개념 오독을 방지합니다.

좀 더 극단적으로 얘기하면 개념서를 공부할 때 예제와 유제 문제들은 아예 해설지를 펼쳐 놓고 문제와 해설을 읽으면서 공부해도 상관없습니다. 단, 그 과정에서 개념이 문제에 어떻게 녹아나고 어떤 개념을 가져다 쓰는지를 노트에 정리합니다. 그러고 나서 각 단원의 뒤에 있는 연습 문제 또는 중단원 마무리 문제 등을 스스로 풀어 봅니다.

유형 문제

개념을 익히고 나서 개념이 확장되는 다양한 유형의 문제를 풀어 보며 개념을 더욱 공고히 다집니다. 단, 유형서의 단점은 동일한 유형의 문제가 3~4문제씩 뭉쳐 있으므로 내 머릿속에 저장되어 있는 개념을 끄집어내서 푸는 것보다는 흐름과 맥락을 보고 풀게 되는 경우가 많습니다. 혹은 각 유형마다 문제 위에 있는 소개념을 바로 보고 풀게 되어 학습 효과가 떨어지는 경우가 있습니다.

개념을 머릿속에 집어넣지 않은 채 문제집에 있는 개념을 보고 문제를 풀게 되면, 개념이 장기기억에 저장되지 않아서 시험같이 개념을 볼 수 없는 상황에서는 점수가 잘 나올 수가 없게 됩니다. 이 경우는 인터리빙 방식을 이용하여 다음과 같이 풉니다.

각 유형별로 대표 문제만 먼저 쭉 풀어 나갑니다. 대표 문제가 풀리지 않을 때는 대표 유형 위에 있는 소개념을 읽어 보고 대표 유형 문제를 풉니다. 대표 유형 풀이가 다 끝나면 각 유형별로 한 문제씩 골라서 풀어 나갑니다. 이때 유형의 순서를 꼭 유지하면서 풀 필요는 없습니다. 가령 유형이 총 10개라면 유형1→유형5→유형2→유형10⋯ 이런 식으로 랜덤으로 유형을 선택하여 한 문제씩 풀어 나가도 됩니다. 이런 방식이 뇌과학적 측면에서는 더욱 효과적인 학습법입니다.

심화 문제

심화 문제는 심화 교재에 있는 문제들입니다. 대부분 문제 양이 그리 많지는 않습니다. 심화 교재는 개념 교재와 유형 교재를 거쳐 개념이 튼튼하게 잡혀 있다는 가정 하에 푸는 교재입니다. 따라서 심화 문제가 안 풀린다는 것은 개념의 부족보다는 문제해결력이나 추론 능력, 수학적 사고력이 부족한 상태를 뜻합니다.

그러므로 심화 문제는 가급적 오랫동안 고민하며 이것도 해 보고 저것도 해 보면서 풀어 봐야 합니다. 만일 문제가 안 풀릴 때는 힌트를 받으며 최대한 스스로 힘으로 풀어 냅니다. 힌트를 줄 교습자가 없을 때는 해설지 풀이를 지우개로 가리면서 한 줄씩 읽어 가며 풀어 나갑니다. 한 줄씩 읽는 과정에서 아이디어가 떠오르면 해설지 읽는 것을 멈추고 문제를 풉니다.

오답 정리하는 법

오답 정리의 필요성

수학은 정확히 알아야 하나의 문제를 풀 수 있는 과목입니다. 따라서 스스로 풀지 못하고 해설을 보거나 질문을 통해 알게 된 문제는 금방 잊어버리게 되어 있습니다. 그러므로 가장 중요한 것은 오랜 시간이 걸리더라도 스스로 푸는 것이고, 그것이 안될 때는 틀린 문제를 오답 정리를 하여 암기하는 것입니다.

오답 정리를 하여 암기한다는 것의 의미는 틀린 문제가 기억나지 않을 때, 문제 풀이를 반복하여 그 풀이를 체화하는 것을 의미합니다. 즉 틀린 문제를 마치 처음 보는 것과 같은 상태에서 다시 푸는 것을 뜻합니다.

뇌과학에서는 잊어버리고 복습하는 것을 강조합니다. 그래야 장기기억에 잘 저장되기 때문입니다. 오답 정리도 풀이가 기억나지 않을 때 하는 것이 중요합니다. 대략 일주일 이상 지나서 하는 것을 추천합니다.

수학을 잘하는 학생들은 메타인지 능력이 뛰어납니다. 본인이 '알았다'라는 느낌과 시험에서 맞힐 수 있을 만큼 '알았다'라는 느낌이 일치합니다. 따라서 공부한 것만큼 시험 점수가 나오게 됩니다. 반면, 수학을 못하는 학생들에게 본인이 '알았다'라는 느낌은 시험에서 맞힐 수 있을 만큼 '알았다'라는 느낌과 일치하지 않습니다. 따라서 학습량과 시험 점수의 괴리가 큽니다. 이런 괴리감을 줄이기 위해서는 오답 정리가 필수입니다.

오답 노트 정리가 오답 정리는 아니다

많은 학생은 모르는 문제가 있으면 설명을 듣거나 해설을 보고 그 풀이를 노트에 정리하는 행위를 오답 정리라고 오해합니다. 그러나 이것은 단순한 정리일 뿐입니다. 이런 행위를 한다고 비슷한 유형의 문제를 풀 수 있는 것은 아닙니다. 진정한 오답 정리는 충분히 반복해서 문제를 풀고 문제의 풀이를 체화하는 것입니다.

학원에서는 아이들에게 오답 정리 숙제를 내주면 아이들이 보여주기 위한 형식적인 오답 정리를 하기 때문에, 이것을 피하기 위해 개념 교재로 진도를 나가는 동시에 부교재 3~4권을 사용하는 경우가 많습니다. 즉 오답 정리 숙제를 내주지 않고 여러 권의 문제집을 풀리는 방법을 쓰는 것이죠. 이 경우 잘 아는 문제도 복습하게 되어 비효율적일 수 있으니 주의해야 합니다.

올바르게 오답 정리하는 법

주기적으로 하는 방법

주기적으로 오답 정리를 하는 것은 가장 간단하면서도 관리하기 편한 방법입니다. 매주 하루를 정해 4~6주 정도 동일 문제를 반복해서 풉니다.

1단계

일주일 동안 수학 문제를 풀면서 맞혔는데 애매한 문제와 계산 실수가 아닌, 몰라서 틀린 문제를 체크(v)합니다.

2단계

체크한 문제는 선생님에게 질문하거나 풀이를 보고 이해한 후 그날 다시 풀어 봅니다.

3단계

그 주 토요일에 체크한 문제를 다시 풉니다. 한 번에 풀린 문제는 체크 위에 동그라미(ⓥ)를 치고, 안 풀린 문제는 한 번 더 체크(vv)합니다.

4단계

일주일이 지난 후, 토요일에 새롭게 체크(v)한 문제와 그 전에 체크(vv)한 문제를 다시 풉니다.

5단계

다시 틀린 것은 해설을 보거나 질문하여 이해하고 한 번 더 체크합니다.

6단계

시간이 지나서 문제 풀이가 기억이 안 나는 토요일에 다시 체크한 문제를 풉니다.

7단계

다시 틀린 것은 해설을 보거나 질문하여 이해하고 한 번 더 체크합니다.

이 단계를 반복합니다.

설명하는 방법

친구들에게 자기가 힘들게 푼 문제를 풀어 보게 하고, 못 풀면 친구에게 설명해 줍니다. 친구가 없다면 자기 자신에게 설명을 합니다. 오답 정리할 때도 도움이 되지만 개념을 머릿속에 집어넣을 때도 도움이 되는 방식입니다.

다회독하는 법

1단계 : 모르는 문제 선별

① 문제집과 연습장, 노트를 준비합니다.

② 연습장에 문제를 풀고, 노트에 문항 번호와 답을 씁니다.

③ 문제집에 맞힌 것은 ○, 틀린 것은 / 표시만 합니다.

④ 문제를 다 풀면 채점을 하고, 틀린 것들을 고칩니다.

⑤ 고친 후 재채점을 하고 모르는 문제만 남을 때까지 위 과정을
   반복합니다.

⑥ 모르는 문제만 남으면 하루 이상 지난 후 해설지를 보며 오답
   정리를 마무리합니다.

2단계 : 해설지 오답 정리

① 맞힌 문제와 틀린 문제 모두 해설을 확인합니다.

② 맞힌 문제는 왜 맞았는지 체크하고, 정확히 푼 것이 아니면 별표를 칩니다.

③ 틀린 문제 중 단순 계산 실수나 문제를 잘못 읽은 것들은 세모로 표시합니다.

④ 틀린 문제 중 모르는 문제는 한 번에 모든 해설을 보지 않고, 지우개로 해설을 가리며 한 줄씩 읽어 갑니다.

⑤ 읽던 중 문제를 풀 수 있는 실마리를 찾으면 해설을 그만 읽고 스스로 풉니다.

⑥ 해설을 봐도 이해가 되지 않는 부분은 선생님에게 질문합니다.

3단계 : 문제집 1회독 완성

① 2단계 후 하루 이상 지나서, 틀린 문제 중 해설을 조금이라도 보고 푼 것들을 다시 풉니다.

② 풀리는 문제는 1차 오답 정리가 완료된 것입니다. 안 풀리는 문제는 다시 해설지를 조금씩 보면서 풉니다.

③ 다시 해설을 보고 푼 문제를 모아, 하루 이상 지난 후 위 과정을 반복합니다.

④ 이렇게 모든 문제를 스스로 풀면 문제집 1회독이 완성되는 것입니다.

① 문제집 1회독 후 해설지 풀이가 기억나지 않을 때쯤 2회독을 시작합니다. 대략 1개월 후가 적당합니다.

② 2회독 때는 문제집에 별표 쳐진 문제들만 다시 풉니다. 즉 단순 계산 실수나 내 힘으로 고친 문제가 아닌, 해설을 보거나 선생님에게 질문한 문제들만 다시 풉니다.

③ 한 번에 풀리는 문제는 별표에 동그라미를 칩니다. 안 풀리는 문제는 별표를 추가합니다.

④ 그 후 1회독의 1단계부터 3단계 과정을 반복합니다.

⑤ 이후 해설지 풀이가 기억나지 않을 때(1개월 후)쯤 3회독을 시작합니다.

⑥ 별표 2개짜리 문제만 다시 풀고 위 과정을 반복합니다. 동일한 방식으로 모든 별표에 동그라미가 그려질 때까지 회독을 반복합니다.

해설지 활용법

수학 해설을 보지 말아야 하는 이유

문제를 풀다가 막힐 때마다 바로 해설지를 보거나, 아예 해설지를 펼쳐 놓고 공부하면 다음과 같은 문제점이 생깁니다.

첫째, 뇌의 생각 멈추기가 습관이 되고, 도움을 받는 데 익숙해져서 실력이 늘지 않습니다.

둘째, 문제를 푸는 집중력이 떨어지고, 실수를 많이 하게 됩니다.

초등학생 : 해설지 없이 올바르게 공부하는 방법

① 해설지를 부모님이나 선생님(학원)에게 맡기고 모르는 건 질문합니다.

② 개념 문제를 틀린 경우 → 해설지 대신 개념서를 다시 복습하고 문제를 풀도록 합니다.

③ 문제해결력을 요구하는 문제를 틀린 경우 → 5분 정도 다시 고민해서 풀고 모를 경우 선생님이나 부모님으로부터 힌트를 받습니다.

중·고등 수학은 어렵고 양이 많아 교습자에게 매번 도움을 받기가 힘듭니다. 따라서 어쩔 수 없이 해설을 봐야 하는 경우가 생깁니다. 중요한 것은 나의 뇌가 누군가에게 도움을 받을 수 없다는 것을 인식하게 하는 것입니다. 따라서 다음과 같이 공부합니다.

① 해설지를 손이 닿지 않는 곳에 둡니다.

② 1일차는 문제만 풉니다.

③ 2일차는 채점을 하고 오답 정리를 합니다.

④ 오답 정리를 해도 안되는 것들은 따로 표시합니다.

⑤ 3일차에 오답 정리를 해도 안 풀리는 문제들만 해설을 보고 이해합니다.

⑥ 해설을 보고도 이해하지 못한 문제들은 선생님에게 질문합니다.

중요한 것은 문제를 푸는 시점과 해설지를 보는 시점을 최대한 늦춰, 해설지를 보는 행위가 문제해결력을 기르는 데 방해가 되지 않게끔 하는 데 있습니다.

중·고등 수학은 개념이 많고 어려워서 개념을 공부해도 정확하게 문제에 적용하지 못하는 경우가 많습니다. 특히 응용 문제의 경우 기본 개념을 확장하여 사용할 수 있어야 하는데, 그런 연결고리를 찾지 못하는 학생이 많습니다.

이런 경우는 맞힌 문제 중 정확한 방법으로 풀지 못한 문제와 틀린 문제 중 몰라서 틀린 문제의 해설지를 정독하며 그 문제를 풀지 못한 이유를 정리합니다. 이때 오답 노트와 별도로 정리 노트를 만들어 그 문제를 풀어 가는 데 필요한 키포인트나 연결고리들을 정리해 놓고 나중에 학교 시험을 보기 전에 다시 읽어 보면 도움이 됩니다.

이러한 방식의 해설지 독해와 정리는 혹시 모를 개념 오독을 방지할 수 있고, 문제를 푸는 정확한 방법을 익힐 수 있게 해 줍니다. 틀리면 고치고 채점만 했다가 다시 고치는 방식은 이 문제를 푸는 정확한 방법을 영원히 모르게 할 수 있습니다. 따라서 중등부터는 서서히 스스로 채점하고, 해설을 활용하는 방법을 익히는 것을 추천합니다. 특히 해설지 활용은 혼공에도 매우 도움이 됩니다.

노트&연습장 활용법

추천하는 사용법

연습장은 줄 없는 민무늬 연습장이 좋습니다. 민무늬 연습장을 가로로 놓고, 한 장에 한 문제 또는 여러 장에 한 문제를 푼다는 마음으로 접근합니다. 문제를 풀 때 연습장에 떠오르는 아이디어를 써 가면서 문제를 풉니다. 한 장을 사용해도 안 풀리면 한 장을 뜯어서 눈에 보이는 곳에 놓고 다시 깨끗한 연습장에 또 다른 아이디어로 접근하며 문제를 풉니다.

추천하지 않는 사용법

문제집에 바로 풀거나 줄이 있는 노트를 반으로 접어, 번호를 적고 푸는 것은 문제 풀이를 머릿속으로 정리해야만 가능한 방법입니다. 이러한 방식은 문제가 간단하고 쉬울 때는 가능하지만, 문제가 복잡해지면 불가능합니다. 조금만 모르면 질문하거나 해설을 보고 문제를 풀 수밖에 없습니다. 예쁘게 정리해서 순서대로 푸는 것은 보기에는 좋지만, 어려운 문제를 푸는 데는 도움을 주지 않습니다.

풀이 노트 사용법

풀이 노트는 연습장에 자유롭게 문제를 풀고, 그것을 정리해서 쓰는 노트입니다. 주로 수학을 못하는 학생들이나 초·중등 학생들에게 식을 세워 체계적으로 문제 푸는 방법을 알 수 있게 해 줘 도움이 됩니다. 수학을 잘하는 학생의 경우는 작업 기억력이 높아 딱히 풀이 노트가 필요하지 않습니다.

주의해야 할 것은 문제는 자유롭게 민무늬 연습장에 풀고, 풀이 노트는 그것을 해설지 풀이같이 정리하는 데만 써야 한다는 것입니다. 처음부터 풀이 노트를 쓴다면 문제해결력을 향상시킬 수 없습니다.

대안으로는 연습장의 가로 1/3 지점에 세로로 선을 그어 넓은 2/3 지점은 풀이 노트로 활용하고, 좁은 1/3 지점은 단순 계산이나 문제를 푸는 아이디어를 자유롭게 적는 공간으로 활용하는 방법이 있습니다.

해설지 풀이와 같이 정리하는 공간	단순 계산이나 아이디어를 적는 공간
정가 : x 원 (판매 가격) $= x - \dfrac{20}{100}x = \dfrac{4}{5}x$ (원) 이익이 원가의 4% 이므로 $\dfrac{4}{5}x - 3000 = 3000 \times \dfrac{4}{100}$ $\therefore \quad x = 3900$	원가/정가/할인가 이용 20% 할인 : $\dfrac{20}{100}x$ 빼기 $\dfrac{4}{5}x - 3000 = 120$ $\dfrac{4}{5}x = 3120$ $x = 3120 \times \dfrac{5}{4} = 3900$

내신 대비하는 법

1학기 중간고사를 기준으로 내신 대비 루틴을 정리해 보겠습니다. 보통 중간고사 보는 시기는 4월 말, 5월 초입니다.

3월

먼저 3월 한 달은 선행 진도를 나가며 내신 대비를 병행합니다. 중등 내신은 대학 입시에 직접적으로 영향을 미치지 않으므로 본 게임인 고등 수학을 꾸준히 준비해야 합니다. 선행을 나가는 동시에 상위권이라면 현행 과정을 쎈수학이나 일품 정도로 복습합니다. 중위권은 알피엠이나 쎈수학 같은 유형별 교재를 이용합니다. 하위권은 라이트 쎈 정도의 교재가 적당합니다.

4월부터 중간고사 보기 10일 전까지는 선행 과정을 멈추고 내신에 집중합니다. 물론 이때도 선행과 내신을 병행해도 상관은 없습니다. 이 시기에 상위권은 블랙라벨이나 에이급 같은 심화 교재를 빠르게 마무리합니다. 중위권은 교과서와 학교 프린트를 복습합니다. 하위권은 문제 푸는 속도가 느리므로 3월에 이어 라이트 쎈 같은 쉬운 유형별 교재를 마무리하고, 교과서와 학교 프린트를 복습합니다. 이 시기 중·상위권은 주 3회 정도 기출 테스트를 보며 모의시험 연습을 병행합니다.

4월 20일~시험 보기 전

시험 보기 10일 전부터는 다른 과목도 공부해야 하기에 전체적인 복습을 시작합니다. 상위권은 교과서와 학교 프린트를 복습하고, 중·하위권은 그동안 공부했던 것에 대한 복습과 오답 정리를 합니다. 매일 기출 테스트를 시간을 재서 연습하는 것도 필요합니다.

	3월	4월 1일~20일	4월 20일~시험 보기 전
상위권	1. 선행 진도 나가기 2. 현행 유형별 또는 준심화 문제집 풀기	1. 현행 심화 문제집 풀기 2. 주 3회 기출 테스트	1. 교과서와 학교 프린트 복습 2. 매일 기출 테스트
중위권	1. 선행 진도 나가기 2. 현행 유형별 문제집 풀기	1. 교과서와 학교 프린트 2. 주 3회 기출 테스트	1. 시험 공부했던 것 오답 정리 및 복습 2. 매일 기출 테스트
하위권	1. 선행 진도 나가기 2. 현행 유형별 문제집 풀기	1. 현행 유형별 문제집 풀기 2. 교과서 및 학교 프린트	1. 시험 공부했던 것 오답 정리 및 복습 2. 매일 기출 테스트

수학을 어려워하는
학생들을 위한 공부법

개념 공부법 : 문제집 한 권을 3번 복습하기

1회독

개념 듣기

수학을 너무 못하면 혼공보다는 누군가에게 배우는 게 효과적입
니다. 학원 또는 인강을 이용합니다.

개념 테스트 만들기

각 주제에 대해 핵심적인 내용들을 분류합니다. 힘들 때는 개념서
에 있는 개념들의 소제목들만 적어도 됩니다.

개념 테스트

- 개념서를 정독하면서 1단원 개념을 공부합니다.
- 정독이 끝나면 1단원 개념 테스트를 봅니다.
- 부실한 답안은 개념서를 보면서 메꿔 나갑니다.
- 1단원 문제를 풉니다.
- 1단원 문제를 다 풀었다면, 개념서를 정독하면서 2단원 개념을 공부합니다.
- 정독이 끝나면 2단원과 1단원의 개념 테스트를 동시에 봅니다.
- 각 단원의 개념 테스트를 누적하면서 위와 같은 방식을 반복합니다.

2회독

개념 듣기

2회독 때는 모든 단원의 개념을 듣지 않습니다. 개념을 잊은 단원들만 인강을 듣습니다. 인강을 듣지 않는 단원은 개념서 정독과 개념 테스트만 진행합니다.

개념 테스트

1회독 때 만든 동일한 개념 테스트를 사용합니다. 개념 테스트가 끝나면 개념서를 보며 부족한 답안을 메꾸고, 개념 테스트의 모든 문제를 말로 설명합니다. 부모님에게 설명해도 좋고, 스스로에게 설명해도 좋습니다. 듣는 사람이 있다고 생각하고 연습장이나 화이트보드 등에 쓰며 설명합니다.

3회독

개념서 3회독에 들어가면 추가로 인강을 듣지는 않습니다. 개념서 정독과 개념 테스트만 진행합니다. 이때 개념 테스트는 이전과 달리 백지를 이용합니다. 백지에 개념서의 개념을 떠올리면서 서술합니다. 답안이 부실하다면 개념서를 통해 보강합니다. 이 작업이 끝나면 연습장이나 화이트보드에 개념을 설명합니다.

문제 풀이법 : 문제집 한 권을 3번 복습하기

1회독

수학을 못하는 학생들은 다양한 이유로 문제를 거의 못 풀거나, 푸는 데 너무 오랜 시간이 걸려 수학 실력이 향상되기 어렵습니다. 따라서 다음과 같은 방법을 추천합니다.

해설지 독해와 필사

4분할/6분할 노트에 문제를 풀지 않고 해설지를 독해하고 필사합니다.

해설지 분석 및 이해

해설지에서 이해되지 않는 부분은 밑줄을 긋고, 선생님에게 질문합니다. 선생님에게 풀이를 해설지 빈 곳에 적어 달라고 부탁합니다.

설명하기

해설지 분석 후 필사한 노트를 보면서 스스로에게 설명합니다.

1회독 시 4분할 노트를 이용한 해설지 필사 예시

문제

차를 타고 70km 떨어진 놀이공원에 가는데 처음에는 시속 80km로 가다가 중간에 시속 100km로 가서 모두 48분이 걸렸다. 시속 80km로 간 거리와 시속 100km로 간 거리를 각각 구하시오.

해설지 필사

시속 80km로 간 거리를 $x$km라 하면 시속 100km로 간 거리는 $(70-x)$km이다.
온천까지 가는 데 모두

48분$(=\dfrac{48}{60}$ 시간$)$이 걸렸으므로

$$\dfrac{x}{80}+\dfrac{70-x}{100}=\dfrac{48}{60}$$

$5x+4(70-x)=320$
$5x+280-4x=320$ ∴ $x=40$

따라서 시속 80km로 간 거리는 40km이고, 시속 100km로 간 거리는 30km이다.

개요 작성

① 70km 거리를 차를 타고 이동
② 시속 80km와 시속 100km로 이동하여 48분 소요
③ 각각의 속력으로 이동한 거리는?

해설지 분석

① 시속 80km로 간 거리를 $x$km라는 미지수로 놓고 시작

② (시간)$=\dfrac{(거리)}{(속력)}$ 공식 이용

남은 여백은 파란색의 이해가 안되는 밑줄 친 부분을 신쌤님이 설명하며 풀어 주는 공간으로 활용

2회독

이번에는 직접 문제를 민무늬 연습장에 풉니다. 개념서와 문제집은 항상 깨끗한 상태를 유지합니다.

① 한 문제씩 풀고 답을 확인합니다.(푸는 시간은 5분을 넘지 않도록 합니다.)

② 맞힌 경우 자신의 풀이와 필사한 해설지 풀이를 비교합니다. 차이가 있을 경우 그 원인을 적습니다.

③ 틀린 경우 개념서의 문항 번호에 별표를 치고, 해설지를 필사한 노트를 보면서 틀린 원인을 오른편에 분석하여 적습니다.

④ 설명하기 : 별표 친 문제들은 민무늬 연습장에 다시 풀면서 스스로에게 설명합니다. 풀이가 기억나지 않을 때만 해설지 필사 노트를 참고합니다.

2회독 시 별표 친 문제 원인 분석 첨가하기 예시

문제

차를 타고 70km 떨어진 놀이공원에 가는데 처음에는 시속 80km로 가다가 중간에 시속 100km로 가서 모두 48분이 걸렸다. 시속 80km로 간 거리와 시속 100km로 간 거리를 각각 구하시오.

해설지 필사

시속 80km로 간 거리를 $x$km라 하면 시속 100km로 간 거리는 $(70-x)$km이다.
온천까지 가는 데 모두

48분$(=\dfrac{48}{60}$시간$)$이 걸렸으므로

$\dfrac{x}{80}+\dfrac{70-x}{100}=\dfrac{48}{60}$

$5x+4(70-x)=320$

$5x+280-4x=320$ $\therefore$ $x=40$

따라서 시속 80km로 간 거리는 40km이고, 시속 100km로 간 거리는 30km이다.

개요 작성

① 70km 거리를 차를 타고 이동
② 시속 80km와 시속 100km로 이동하여 48분 소요
③ 각각의 속력으로 이동한 거리는?

해설 분석

① 시속 80km로 간 거리를 $x$km라는 미지수로 놓고 시작

② (시간)$=\dfrac{(거리)}{(속력)}$ 공식 이용

틀린 이유 → 2회독 시 추가 내용
속력 공식을 이용하여 식을 세울 줄 몰랐다.

남은 여백은 파란색의 이해가 안되는 밑줄 친 부분을 선생님이 설명하며 풀어 주는 공간으로 활용

① 풀이 시간을 10분 늘려 별표 친 문제만 다시 풉니다.

② 한 문제씩 풀고 채점하고 해설을 확인합니다.

③ 맞힌 문제, 틀린 문제 모두 해설지 필사 노트의 해설을 읽어 봅니다.

④ 틀린 문제는 개념서 문항 번호에 별표를 추가하고, 그 원인을 분석하여 해설지 필사 노트 오른편 여백에 추가합니다.

⑤ 별표가 추가된 문제는 민무늬 연습장에 다시 풀어 보면서 스스로에게 설명합니다.

⑥ 별표가 2개 이상인 문제들은 이후 내신 대비 기간에 다시 풉니다.

이후 동일한 방법으로 다양한 문제집을 풉니다.

수학 공부 로드맵 세우기

수준별 선행 진도표(수시 목표)

현실적으로 일반고에 진학하여 정시로 대학에 가는 것은 만만치 않습니다. 따라서 내신을 통해 수시로 대학에 가는 것이 합리적입니다. 수시를 준비하기 위해서는 고등학교 1학년 1학기부터 내신과 교과 활동에 매진해야 합니다. 내신 시험은 50분의 짧은 시간에 많은 문제를 풀어야 하므로 문제를 보면 바로 풀이가 떠오를 정도의 반복 학습이 필요합니다. 더군다나 어려운 킬러 문제를 해결할 수 있는 문제해결력도 길러야 합니다. 따라서 다음과 같은 선행 진도 로드맵이 필요합니다.

일반고 수학 교육 과정 편제표 예시

학년	1학기	2학기
고1	고등 수학(상)	고등 수학(하)
고2	수1	수2
고3	확통 or 미적	수능 대비

학교에 따라 고2 때 수1+수2+기하 또는 수1+수2+확통을 진행하는 학교도 있습니다.

외고/국제고 교육 과정 편제표 예시

학년	1학기	2학기
고1	고등 수학(상)	고등 수학(하)
고2	수1	수2
고3	확통	수능 대비

자공고/자사고 교육 과정 편제표 예시

학년	1학기	2학기
고1	고등 수학(상)	고등 수학(하)
고2	수1, 수2	확통, 미적
고3	수능 대비	수능 대비

자공고/자사고는 일반고에 비해 진도를 빨리 나가는 편이므로 입학 전 빠른 선행이 필수적입니다.

특성화고 수학 교육 과정 편제표 예시

학년	1학기	2학기
고1	고등 수학(상)	고등 수학(상) 고등 수학(하)
고2	고등 수학(하)	수1
고3	수1	

특성화고의 경우는 대부분의 학교에서 고2부터는 전공과목 수업 이수 때문에 수2나 선택과목(미적/확통)을 진행하지 않으므로, 수능을 보는 학생은 별도로 학원 등을 이용하여 수2와 선택과목(미적/확통)을 공부해야 합니다.

수준별 수학 진도표(수시 목표)

학년	구분	상위권	중위권	하위권
중1	선행	중3 과정 개념/유형	중2 과정 개념/유형	중1 과정 개념
	현행	중1 과정 심화	중1 과정 준심화	중1 과정 유형
중2	선행	고1 과정 개념/유형	중3 과정 개념/유형	중2 과정 개념
	현행	중2 과정 심화	중2 과정 준심화	중2 과정 유형
중3	선행	고2 과정 개념/유형	고1 과정 개념/유형	중3 과정 개념
	현행	중3 과정 심화	중3 과정 준심화	중3 과정 유형

위 진도표는 하나의 예시이며, 모든 학생에게 적용되는 것은 아닙니다. 수시로 대학 합격을 노리는 학생의 경우, 내신 경쟁을 해야 하고 그러기 위해서는 어느 정도 반복 및 복습을 해야 하기 때문에 고등학교 입학 전에 고2 과정까지 선행을 한 학생들이 유리합니다.

상위권의 경우 선행과 심화의 속도가 매우 빠르기 때문에 교육 과정대로 진도를 나가면 됩니다. 즉 중1-1, 중1-2, 중2-1, 중2-2, 중3-1, 중3-2, 고등 수학(상), 고등 수학(하), 수1, 수2 이런 식으로 선행을 하면 됩니다. 선행을 할 때는 개념/유형/심화를 동시에 진행하고, 다음 진도를 나갑니다.

예를 들어 중2-2 과정 선행을 한다면 개념(1권)+유형(1권)+심화(1권) 이런 식으로 나가고, 현행 복습 및 내신 대비 때는 준심화(1권)+심화(1권) 구조로 진행합니다. 결국 중등 한 학기 과정에 대하여 선행 때 개념+유형+심화 3권을 진행하고, 현행 복습 때 준심화+심화 2권을 진행하여 총 5권 정도 학습하는 것이 적당합니다.

반면, 중위권의 경우는 선행 속도와 심화 속도가 모두 느리기 때문에 좀 더 효율적으로 선행과 심화를 진행합니다. 선행의 경우 연계성이 높은 과정끼리 묶어서 진행하면 개념을 좀 더 효율적으로 학습할 수 있습니다. 그리고 심화는 선행 때는 진행하지 않고, 현행 복습 때 내신 대비를 하며 도전하도록 합니다.

중1-1과 중2-1은 대수 파트로 서로 연계성이 높아 묶어서 진행합니다. 중1-2와 중2-2는 도형 파트지만 서로 연계성이 높지는 않습니

중위권 수학 선행 순서	중1-1 → 중2-1 → 중1-2 → 중2-2 → 중3-1 → 고등 수학(상) → 중3-2 → 고등 수학(하) → 수1 → 수2
중위권 수학 선행 교재	중등 과정 : 개념(1권) + 유형(1권) 고등 과정 : 기초(1권) + 개념(1권) + 유형(1권)
중위권 현행 복습 교재	유형(1권) + 준심화(1권)

다. 그러나 중1-1과 중2-1 과정을 진행했으므로 순서대로 진행합니다. 중3-1과 고등 수학(상)은 대수 파트로 연계성이 높아 묶어서 진행합니다. 중3-1의 내용이 그대로 고등 수학(상)에 나오므로 서로 복습이 되어 학습 효과가 높습니다. 도형 파트인 중3-2와 고등 수학(하)는 연계성이 높지는 않으나 순서대로 진행합니다. 그 이후부터는 교육과정 순서에 맞춰 수1, 수2, 선택과목(미적 또는 확통)을 진행하면 됩니다.

선행과 심화의 균형 잡기(수시 목표)

무작정 선행만 빠르게 한다고 고등 수학을 잘하는 것이 아닙니다. 심화 능력이 없다면 1~2등급까지 올라가기 힘듭니다. 문제해결력이 뒷받침되지 않기 때문입니다. 따라서 심화를 병행해야 하고 심화를 통한 문제해결력이 생기면 오히려 선행 속도가 빨라지는 효과가 있습니다.

첫째, 중학교, 고등학교 학습량을 적절히 분배하되 중학교 학습에 너무 많은 시간을 할애하지 않습니다. 한 학기 과정 학습 시 중학생의 경우 개념/유형/심화 교재 등을 모두 포함하여 3~5권만 진행합니다.

둘째, 시간이 부족할 때는 부분적 심화를 진행합니다. 실력이 부족하면 심화 학습에 시간이 오래 걸리므로 특정 과정에 대해서만 심화 학습을 하고 나머지는 개념 위주로 선행 진도를 나갑니다.

중2-1 → 중2-2 → 중3-1 → 중3-2 → 중1-1 → 중1-2

① 중1-1은 중2-1과 연계성이 높으므로 시간이 없을 때는 중1-1 심화는 건너뜁니다.

② 중2-2에서의 도형 파트는 고2 삼각함수 응용 문제에서 활용되므로 심화를 하는 것이 좋습니다.

③ 중3-1은 고등 수학(상)과 연계성이 높으므로 심화까지 해 두면 고등 수학(상)을 배울 때 원활하게 공부할 수 있습니다.

④ 중3-2는 학교 내신시험이 쉽게 나오는 경향이 있으므로 개념만 완벽하게 공부합니다. 물론 시간적 여유가 있을 때는 수1 삼각함수와 연계성이 높으므로 심화까지 하면 좋습니다.

⑤ 중1-2의 내용은 초등 과정의 복습이라 새로운 내용이 적고, 고등 과정 중 많은 학생이 선택하지 않는 '기하'와 연계성이 높기 때문에 시간이 없을 때는 심화를 건너뜁니다.

⑥ 여기에서 더 줄이자면 중2-1, 중2-2, 중3-1만 심화 학습하고, 더 시간이 없다면 중2-1, 중2-2를, 정말 시간이 부족하다면 중2-1 과정만 심화 학습을 합니다.

중등 과정 단원 중요도

학년	과정	심화 필요성	고등 연계성	수능 연계성
중1-1	소인수분해			
	정수와 유리수			
	문자와 식	○	○	
	좌표평면과 그래프	○	○	
중1-2	기본도형			
	평면도형		○	○
	입체도형			
	통계			
중2-1	수와 식			
	부등식	○	○	
	방정식	○	○	
	함수	○	○	
중2-2	도형의 성질	○	○	○
	도형의 닮음	○	○	○
	확률		○	○
중3-1	실수와 그 계산			
	다항식의 곱셈과 인수분해	○	○	
	이차방정식	○	○	
	이차함수	○	○	
중3-2	삼각비	○	○	○
	원의 성질		○	○
	통계			

중·고등 교재 난이도별 분류 및 수준별 교재 선택법

중등 교재 선택법

중등 교재 난이도별 분류

난이도	개념 교재	유형 교재	심화 교재
극심화			에이급
			블랙라벨, 최상위
심화			일등급 수학, 최고수준
		에이급 원리해설	최고득점, 절대등급, 일품
준심화		쎈수학, 우공비Q 발전편	
	숨마쿰라우데	최상위 라이트	
응용	개념 원리	알피엠	
	우공비, 개념+유형 파워	빨리 강해지는 수학	
기본	신 수학의 바이블	라이트 쎈	
	개념쎈, 풍산자 개념 완성	우공비Q 표준편	
기초	개념+유형 라이트, 체크체크		
	빨리 이해하는 수학	풍산자 반복수학	

수준별 중등 교재 선택법

수준	선행 진도	현행 복습(내신 대비)
상위권	기본(1권), 유형(1권), 심화(1권)	준심화(1권), 심화(1권)
중위권	기본(1권), 유형(1권)	유형(1권), 준심화(1권)
하위권	기초(1권), 기본(2권)	유형(1권)

중등 연산 교재

중등 연산 교재는 구성이나 내용에서 차이가 별로 없어 따로 소개하지 않았습니다. 중등 연산 교재를 사용하는 경우는 가급적 양이 적은 것을 추천합니다. 예를 들어 '쎈연산' 같은 교재는 간결하고 양이 적어 많은 시간이 소모되지 않으나, '수력충전' 같은 교재는 양이 매우 많아 연산 교재 자체를 끝내는 데 시간이 많이 소모됩니다.

보통 중1-1 연산부터 막히는 학생의 경우는 초5와 초6 과정의 '자연수의 혼합 계산'과 '분수의 사칙 연산'이 부족한 경우가 많으므로 초등 과정의 복습도 어느 정도 필요합니다. 가급적 학습 능력을 높이기 위해 연산 교재보다는 개념 교재만으로 연산을 극복하도록 합니다.

개념 교재 내용을 충분히 숙지하고 연습장을 사용하여 식을 써서 문제를 풉니다. 반복적으로 연산이 틀릴 때는 해설지를 독해하여 내가 어느 부분에서 반복적으로 실수하는지 확인하면 굳이 연산 교재를 사용하지 않고, 개념 교재만으로 극복 가능합니다.

중등 개념 교재

중등 개념 교재의 경우, 위에서 소개한 어느 교재를 사용해도 무난하고 완성도가 높으나 필자가 주로 사용하는 교재를 소개하겠습니다.

중·하위권의 경우는 개념 교재로 '빨리 이해하는 수학', '체크체크 중학 수학', '신 수학의 바이블', '개념+유형 라이트'를 추천합니다. '빨리 이해하는 수학'과 '신 수학의 바이블'은 수학이 약한 학생들이 충분히 따라 갈 수 있도록 쉽게 잘 구성되어 있습니다.

'체크체크 중학 수학'은 전체적인 구성과 짜임새가 매우 좋습니다. 필요한 증명도 다 들어가 있고, 개념 교재에 필요한 모든 내용을 다 집어넣어서 완성도가 높습니다.

'개념+유형 라이트'의 경우는 개념편과 유형편이 따로 있어서 좋은데, 특히 유형편은 개념편을 반복 복습하는 방식으로 구성되어 수학이 약한 학생들이 쌍둥이 문제로 복습할 수 있습니다. 이러한 이유로 학원 수업 교재로 많이 사용되고 있습니다.

중·상위권의 경우는 개념 교재로 '개념원리', '개념+유형 파워', '숨마쿰라우데'를 추천합니다. '개념원리'는 중등 개념 교재 중에서 내용적으로 완성도가 제일 높습니다. 특히 개념에 대한 증명이 빈틈없이 들어 있어 혼공 수학에 적합하고, 필수 예제 밑에 풀이가 있어서 학생들이 풀이를 읽고 유제를 풀 수 있도록 구성되어 있습니다. 단, 뒷부분의 서술형 문제 난도가 높아서 어느 정도 수학을 잘하는 학생이어야 소화할 수 있습니다.

'개념+유형 파워'는 개념편과 파워편으로 구성되어 있는데, 개념편에서 개념을 익히고 파워편에서 유형별 문제로 연습을 하는 구조입니다. 따라서 중·상위권이 이 교재를 쓸 때는 따로 '쎈수학' 같은 유형별 교재를 사용하지 않고 바로 심화로 갈 수 있어서, 개념 학습 이후 심화 학습이 가능한 교재에 해당됩니다.

'숨마쿰라우데'는 수학 개념에 대한 배경 지식이나 수학사 등이 잘 나와 있어 독서를 좋아하는 아이들에게 특히 적합한 교재입니다. 책을 읽듯이 자연스럽게 읽어 가며 어떤 개념이 나오게 된 배경과 실생활에 어떻게 접목이 되는지를 알 수 있어, 좀 더 수학을 재미있고 깊이 있게 학습하는 데 도움을 줍니다.

단, 문제의 난도가 어느 정도 있어 중·하위권에게는 적합하지 않으며, 독서를 싫어하는 아이들에게는 오히려 산만하고 지루하다는 평가를 많이 듣습니다. 그런 아이들에게는 간결하게 개념이 잘 정리된 '개념원리'를 추천합니다.

상위권에게 가끔 사용하는 교재 중에 '에이급 원리해설'이 있습니다. 이 교재는 독특하게 개념과 유형, 준심화를 한 권에서 다 접할 수 있도록 구성됐습니다. 상위권의 경우 개념 이해력이 탁월해서 간결한 교재로 개념을 나가고, 바로 유형을 풀고, 준심화도 접하고 싶을 때 이 교재를 사용하면 좋습니다. 이 책 이후에는 바로 '블랙라벨', '최상위', '에이급' 등의 심화 교재를 학습하면 됩니다.

중등 유형 교재

유형 교재는 구성이 거의 비슷하여 난도별로 선택하면 됩니다. 주로 많이 사용하는 교재는 난도별로 풍산자 반복 수학 < 라이트 쎈 < 알피엠 < 쎈수학 순입니다. 중·하위권이라면 '풍산자 반복수학'과

'라이트 쎈'을, 중위권은 '알피엠'을, 중·상위권은 '쎈수학'을 많이 사용합니다. '쎈수학'을 풀었는데, 비슷한 난도의 복습 교재가 필요할 경우에는 '최상위 라이트'나 '우공비Q 발전편'을 사용하면 좋습니다.

중등 심화 교재

저는 준심화서는 '일품', 심화서는 '블랙라벨'을 주로 사용합니다. 특히 '블랙라벨'의 경우, 선행 개념이 없고 양이 적어 간결하게 심화를 연습하기에 좋습니다. 스텝3 문제들이 전제적으로 창의적이고 수능식 문제로 잘 구성되어 있습니다.

'에이급'의 경우 가장 난도가 높은 교재로 알려졌는데, 선행 개념을 담은 문제가 많고 특히 고등 수학(상)의 '기본 정석'과 비슷한 유형이 많아 심화 교재보다는 선행 교재 같은 느낌이 나서 잘 사용하지는 않습니다.

고등 선행 교재 선택법

고등 교재 난이도별 분류

난이도	개념 교재	유형 교재	심화 교재
심화	실력 정석		블랙라벨
		마플 시너지, 자이스토리	일등급 수학
준심화	바이블, 숨마쿰라우데		일품, 올림푸스 고난도
	기본 정석	쎈수학	
응용	마플 교과서	EBS 올림푸스	
		알피엠, 일등급 만들기	
기본	수학의 샘, 개념+유형	내공의 힘, 라이트 쎈	
기초	개념원리, 개념쎈	풍산자 필수 유형	
	개념쎈 라이트, 풍산자		

수준별 고등 교재 선택법

수준	선행 진도	현행 복습(내신 대비)
상위권	개념(1권), 유형(2권), 심화(1권)	유형(1권), 심화(2권)
중위권	개념(2권), 유형(1권)	유형(1권), 준심화(1권)
하위권	연산(1권), 개념(1권)	개념(1권), 유형(1권)

고등 교재는 개념 교재도 난도가 높아 교재 선택이 만만치 않습니다. 보통 중·하위권의 경우는 고등 수학(상)을 나갈 때 연산 교재가 필수이며, 개념 교재도 가장 쉬운 개념 교재를 선택해야 합니다.

연산 교재는 따로 소개하지 않았는데 제가 자주 사용하는 교재는 '연마 수학'과 '베이직 쎈'입니다. 둘 다 양이 많지 않아 쉬운 개념 교재와 더불어 사용할 만합니다. '연마 수학'에 비해 '베이직 쎈'은 순수 연산 교재가 아닌 '연산+기초 개념' 교재의 형태라 조금 어려운 연산 교재에 해당됩니다. 따라서 약간 우수한 학생은 연산 교재로 '베이직 쎈'을 추천합니다.

고등 개념 교재의 경우 어떤 교재든 난도가 높아 학생들이 힘들어합니다. 중·하위권에게는 전체적으로 쉬운 문제 위주로 구성된 '풍산자'나 '개념쎈 라이트'와 같은 교재를 추천합니다. 중위권의 경우 '개념쎈'과 '개념원리', '개념+유형'이 적당하나, 중간중간에 고난도 문제가 꽤 있어 진도 나가는 데 어려움을 겪습니다.

상위권의 경우 '바이블'이나 '기본 정석', '숨마쿰라우데'를 추천합니다. 특히 '바이블'의 경우 설명이 많아 혼공하는 아이들이 좋아하지만 문제 난도는 만만치 않습니다. 따라서 '바이블'을 풀 때 중·하위권에게는 유제와 연습 문제에서 어려운 문제를 뺀 나머지 부분만 풀게 하는 경우도 많습니다. '바이블'뿐만 아니라 '개념쎈'도 설명이 많은 교재라 수학이 약한 학생들이 보기에 좋으나 어려운 문제가 꽤 있으니 그것만 빼고 푸는 방식도 괜찮습니다.

중위권이 많이 사용하는 '개념원리'는 간결하게 필요한 개념과 문제가 잘 배치되어 있습니다. 상위권이 많이 사용하는 '기본 정석'은 친절하지는 않지만 개념과 원리, 증명이 꼼꼼히 들어 있고, 특히 연습문제의 퀄리티가 매우 뛰어납니다. '숨마쿰라우데'는 수리논술에도 도움이 되는 배경지식이 많아 최상위권이 학습하기에 적합합니다.

유형 교재는 중·하위권은 '풍산자 필수 유형', 중위권은 '라이트쎈', 중·상위권은 '알피엠', 상위권은 '쎈수학'이 적합합니다. 특히 고등 '쎈수학'은 C단계까지 학습하면 웬만한 일반고에서는 1~2등급을 충분히 받을 수 있을 정도로 난도가 높은 편입니다.

고등 심화 교재는 소화할 수 있는 학생이 많이 없습니다. 최상위권은 보통 '일품', '블랙라벨', '실력 정석'을 풀게 하고, 고2 과정부터는 고3을 대상으로 한 '자이 스토리'와 같은 수능 기출 문제집과 EBS 수능 특강, 수능 완성과 같은 EBS 교재 등을 풀게 합니다.

깊이 있는 학습으로 실력 쌓기(정시 목표)

만약 정시를 노린다면 수능 보기 전까지만 실력을 완성하면 되므로 훨씬 여유 있는 로드맵이 가능합니다. 예비고3이 되는 고2 겨울방학까지만 수능 전 범위 선행을 마무리하고, 겨울방학부터는 다시 복습을 해 나가면 됩니다. 따라서 학교 진도 대비 대략 6개월 정도 선행으로 충분하며 시간적 여유가 있다면 심화를 통한 수학 실력 향상에 힘을 쏟으면 됩니다.

내신이 50분 동안 25개 내외의 문제를 풀어야 한다면, 수능은 100분 동안 30문제를 풀면 되므로 시험 볼 때 시간적 여유가 있습니다. 따라서 정시 준비는 내신을 대비하기 위한 반복 학습과 양치기, 빠른 선행보다 깊이 있는 학습이 필요합니다. 깊이 있는 학습이란 깊이 있는 개념 학습과 어려운 문제를 해결하는 심화 학습을 뜻합니다.

깊이 있는 개념 학습이란 무엇일까요?

첫째, 납득하면서 개념을 학습하는 것을 뜻합니다.

예를 들어 삼각형의 세 내각의 합이 180°라고 배웠다면 왜 그런지 끝까지 질문을 던져 납득하고 넘어가는 것입니다. 삼각형의 세 내각의 합이 180°임을 증명하기 위해서는 평행한 두 직선과 이 두 직선과 평행하지 않은 한 직선이 만났을 때 엇각이 같다는 것을 알아야 합니다. 엇각이 같다는 사실을 증명하기 위해서는 동위각이 같다는 것을 알아야 하고, 이것은 아직까지 증명하지 못한 공리라는 것을 이해해야 합니다. 이렇듯 끝까지 질문을 던져 어떤 개념이 성립하는 이유에 대해서 정확하게 알아야 합니다.

둘째, 그 개념의 숨어 있는 의미를 찾는 것을 뜻합니다.

예를 들어 $2x+3=0$이라는 일차방정식이 있다면 이것의 해인 $x=-\dfrac{3}{2}$은 방정식의 관점에서는 근 또는 해라고 부르지만, 함수의 관점에서는 $y=2x+3$, $y=0$과의 교점의 x좌표로 볼 수도 있고,

$y = 2x$, $y = -3$과의 교점의 x좌표로 볼 수도 있습니다.

근의 공식 $x = \dfrac{-b \pm \sqrt{b^2 - 4ac}}{2a}$ 이 있다면, 이 공식이 유도되는 과정을 이해하면서 이차함수 꼭짓점의 좌표를 완전제곱식으로 구하는 과정과의 연계성을 생각할 수 있어야 하고, 근의 공식의 모양을 통해 켤레근이라는 개념을 이해할 수 있어야 하며, 자연스럽게 근과 계수와의 관계까지 알 수 있어야 합니다.

이러한 깊이 있는 개념 학습은 누군가 가르쳐 줘서 알 수도 있겠지만, 스스로 생각하면서 찾아낸다면 수능에 꼭 필요한 추론 능력과 이해력을 기르는 데 도움이 됩니다.

어려운 문제를 해결하는 심화 학습은 무엇일까요?

깊이 있는 개념 학습을 통해 개념을 충분히 이해했다면 어려운 문제들을 오랫동안 생각하면서 자기가 배운 개념들을 조합해서 푸는 행위를 뜻합니다. 이런 행위를 통해 문제해결력과 수학적 사고력이 발달합니다.

수학 공부에 도움이 되는 팁

슬럼프에 빠지지 않는 법

슬럼프가 찾아오는 이유

슬럼프에 빠지는 이유는 자기 공부에 대한 불만과 미래에 대한 막연한 불안 때문입니다. 학교 시험 때문에 슬럼프에 빠지는 경우가 많고, 이로 인하여 2~3주씩 공부를 하지 않는 경우도 종종 있습니다. 슬럼프는 외적인 것을 받아들이는 심리적인 부분에서 생겨납니다. 따라서 슬럼프를 극복하는 방법은 외적인 것을 받아들이는 나의 시선을 바꾸는 것입니다.

규칙적인 생활

규칙적인 생활, 적당한 운동 그리고 소화가 잘되는 식사 등은 슬럼프를 방지하기 위한 기본적인 요소입니다. 규칙적인 생활을 습관을 넘어 루틴으로 만드는 것을 추천합니다. 특히 중요한 것은 수면 관리입니다. 일정한 시간에 잠을 자고 일어나는 행위는 규칙적인 생활의 출발점입니다.

제가 추천하는 수면 시간은 다음과 같습니다.

학교를 다닐 때는 새벽 1시에 취침하여 아침 7시에 기상합니다. 총 6시간의 수면을 취하고, 모자라는 수면 시간은 쉬는 시간, 점심시간, 통학 시간이나 자투리 시간 등을 활용하여 해결합니다. 주말은 평소보다 1시간 정도 늦게 일어나 피로를 회복하는 것을 추천합니다. 주의해야 할 것은 취침 시간은 동일하게 해야 한다는 것입니다.

평일에는 새벽 1시~아침 7시까지 6시간 취침에 자투리 시간 1시간 취침을 더하여 7시간 수면을 취하고, 주말에는 새벽 1시~아침 8시까지 7시간 수면을 취합니다.

방학 때는 밤 12시~아침 7시까지 7시간 취침을 추천합니다. 저는 학창 시절에 방학 때는 밤 12시~아침 7시까지 7시간을 자고, 밥 먹는 시간 3시간을 제외하여 총 14시간씩 공부했습니다. 14시간씩 집중해서 공부를 하면 짧은 방학 동안에 정말 많은 학습량을 해낼 수 있습니다.

계획표 만들기

슬럼프에 빠지지 않기 위해 학습 계획을 세우는 것은 필수입니다. 1년 계획 → 월간 계획 → 주간 계획 순으로 짜되 뒤로 갈수록 자세하게 세워야 합니다. 학습 계획을 세웠다면 중간에 시험을 잘 보지 못해도 흔들리지 않고 불안을 떨칠 수 있습니다. 슬럼프는 현재 내 위치가 어디인지 모르는 불안감에서 기인한 것이므로, 계획을 짜는 행위는 슬럼프 방지에 효과적입니다. 전체적인 로드맵 속에서 내 위치가 어디인지 알 수 있기 때문에 중간에 시험을 잘 보지 못해도 크게 흔들리지 않게 됩니다.

중1 상위권 학생 3년 계획표 예시

	중1	중2	중3
3년 진도표	① 중1-2 유형 ② 중2-1/중2-2 개념/유형	① 중2-1/2-2 내신/심화 ② 중3-1 기초/개념/유형 ③ 고1-1 기초/개념/유형 ④ 고1-2 기초	① 중3-1/3-2 내신/심화 ② 고1-2 개념/유형 ③ 수1 기초/개념/유형
	7~10월	11~2월	3~6월
1년 진도표	① 중2-1 개념/유형 ② 중1-2 준심화 ③ 중2-2 개념	① 중2-2 유형 ② 중3-1 기초/개념	① 고1-1 기초/개념 ② 중2-1 내신/심화 ③ 중3-1 유형
	7월	8월	9월
3개월 진도표	① 중2-1 개념 ② 중2-1 유형	① 중2-1 유형 ② 중2-2 개념	① 중1-2 준심화 ② 중2-2 개념

　매일매일 시간 단위로 계획을 짤 때는 컨디션이 좋을 때 할 수 있는 양의 70%만 적습니다. 가급적 50분 공부, 10분 휴식의 패턴을 따릅니다. 한 주가 끝나기 전에 계획한 양을 다했다면 남는 시간에 오답 정리 또는 테스트 등을 하거나 밀린 공부를 하고, 죄책감 없는 휴식을 취합니다. 70% 계획표의 장점은 항상 성공하고 승리하는 학습 계획을 세울 수 있다는 것입니다. 계획이 잘 붕괴되지 않기 때문에 슬럼프에 빠지지 않고 빠지더라도 금방 회복할 수 있습니다.

긍정적 무의식 만들기

　자신에 대한 무의식이 긍정적이라면 자신에 대한 믿음이 가득하므로 슬럼프에 빠지지 않을 확률이 높습니다. 긍정적인 무의식을 형성하기 위해서는 듣기, 상상하기, 말하기, 작은 성공 맛보기가 필요합니다.

　'듣기'는 잠자기 전에 유튜브에서 '긍정적 자기 암시를 8시간 정도 반복해서 들려주는 명상'을 찾아서 틀어 놓고 자는 것입니다. 물론 수면에 방해가 되지 않게 작은 소리로 재생합니다. 무의식에 긍정적인 자기 암시를 형성하는 데 도움을 줍니다.

　'상상하기'는 무의식의 언어로 쉬는 시간이나 산책할 때 되고 싶은 모습을 구체적으로 시각화해서 상상하는 것입니다. 내신 시험에서 수학 100점을 받는 상상이라든지, 전교 1등을 해서 부모님이 기뻐하는 상상 등을 구체적으로 합니다.

'말하기'는 명상에서 들은 자기 암시를 산책하거나 이동할 때 작게 말하는 것입니다. "나는 수학의 신이다. 모든 문제를 다 풀어낸다.", "나는 매일 모든 것이 점점 좋아진다."와 같이 확언의 문장을 말하는 것이 좋습니다.

'작은 성공 맛보기'는 작은 목표를 설정하고 성공(성취감)을 맛보는 것입니다. 예를 들어 이번 주 일요일에 '10시간 공부하기'와 같은 목표를 설정하고, 그것을 성공하여 작은 성취감을 맛보는 것입니다. 이런 작은 성공을 경험하다가 '수학 시험 100점' 또는 '학교 내신 반 1등'과 같은 큰 성공을 경험하게 되면 자신에 대한 확신이 강해져 슬럼프가 쉽게 찾아오지 않습니다.

효율적인 암기 방법

① 암기할 내용을 A4용지에 정리해서 적어 놓는다.(1차 암기)
② 정리한 A4용지는 책상 주변 책장이나 벽 등 잘 보이는 곳에 붙여 놓고 수시로 본다.(2차 암기)
③ 암기한 것들은 책상 서랍에 보관해 놓고, 새로 암기할 것들을 붙여 놓는다.
④ 새로 암기할 것이 없다면 이전에 암기했던 것을 다시 붙여 다시 암기한다.(3차 암기)

이러한 방법은 특별히 많은 시간을 필요로 하지 않고, 쉬는 시간에 편하게 읽기만 하면 되기 때문에 간편합니다. 중등부터 공부할 때 이 방법으로 암기해야 할 것들을 정리해 놓으면, 자연스럽게 내신 대비까지 한 방에 해결할 수 있습니다.

항상 집중하는 방법

서울대에 합격한 학생들의 합격 수기를 보면 다양한 공부법이 나옵니다. 그중에서 인상 깊었던 것들을 소개하겠습니다.

시간을 낭비하지 않는 방법

하루에 14~16시간을 공부하기 위해 아침에 일어나면 1시간 안에 씻고, 밥 먹고, 화장실 가고, 독서실 가는 것까지 끝내려 했다. 또 독서실에 가면 중간에 점심(1시간)과 저녁(1시간) 먹는 시간을 제외하고는 끊임없이 공부했다. 의식적으로 공부 외 시간을 아껴야만 더 많은 시간을 공부할 수 있다.

50분 공부와 10분 휴식의 패턴

항상 50분 공부와 10분 휴식의 패턴을 지켰다. 10분 휴식 시간에는 음악을 듣거나, 책상 주변에 붙인 암기 메모들을 읽거나, 공부로 성공하는 상상을 하거나, 잠깐 눈을 붙이기도 했다. 이런 방식으로 공부하면 지치지 않고 장시간 공부할 수 있다.

적절한 과목 배분

매 시간 공부 내용의 지루함을 없애기 위해 시간 단위로 과목을 바꿔 공부했고, 시간표를 짤 때도 집중력을 고려하여 과목을 배치했다. 집중이 잘되는 시간에는 깊은 이해를 필요로 하는 수학이나 과학을, 집중이 잘 안되는 시간에는 단순 암기가 많은 영어를 배치하는 방식으로 시간표를 만들었다.

멍 때리기 방지하는 방법

위 방법들을 사용해도 장시간 공부하다 보면 멍 때리는 경우가 많았다. 이를 극복하기 위해 매 시간 과목별 공부할 양을 학습 계획표에 표시하여 멍 때릴 여유가 없게 만들었다. 예를 들어 '오전 9:00~9:50 수학 문제집(12~18쪽)' 형태로 계획표를 짜서 50분 동안 집중해서 정해진 양을 끝내도록 했다. 만약 제시간에 끝내지 못하면 쉬는 시간까지 공부해서 끝냈다. 이러한 방식을 사용하면 멍 때리는 시간을 최대한 줄일 수 있다.

잡념을 방지하는 방법

멍 때리는 시간을 줄이니 잡생각이 문제되는 경우가 많았다. 잡념은 생각을 하지 않겠다고 마음먹을수록 더 강하게 떠오른다. 이러한 잡념들을 해결하기 위해서는 생각을 흘려보내는 연습이 필요하다. 잡념이 떠오를 때마다 그 생각을 포스트잇에 적어 책상 위에 붙였다. 잡념을 인정하니 오히려 덜 떠오르게 되고 온전히 공부에 집중할 수 있었다. 포스트잇에 적어 놓은 잡념들 중에서 처리해야 할 것들은 쉬는 시간이나 집에 가서 처리했고, 말 그대로 잡념은 10분 휴식 시간에 상상하기를 하면서 해결했다.

공부 습관 만드는 방법

공부를 안 하다가 열심히 하고 싶으면 몸 만들기를 해야 합니다. 공부는 의지나 동기부여만 가지고 하는 것이 아닙니다. 지속적인 습관이 반드시 필요합니다.

1단계

먼저 앉아 있는 습관을 만들어야 합니다. 일단 공부를 시도합니다. 당연히 공부하기가 힘들고 집중이 안될 것입니다. 그렇게 버티다가 힘들면 만화책이라도 읽고, 다시 괜찮아지면 공부를 합니다. 이런 식으로 3~4시간에서 많게는 10~12시간을 앉아 있는 습관을 기릅니다.

2단계

만화책 대신 재미있는 책(소설책 등)으로 바꿉니다.

3단계

중·고등 추천 필독 도서로 바꿉니다.

4단계

공부만으로 버팁니다.

많은 학생이 오랫동안 앉아서 공부하면 집중도 안되고 효율성이 떨어진다고 얘기합니다. 이것은 습관이 안 돼서 그런 것입니다. 습관이 되고 연습이 되면 하루 14~16시간을 공부해도 시험 보기 전날의 집중력으로 공부할 수 있습니다. 이것은 저도 경험해 본 것이고, 공부를 잘하는 학생들을 관찰해 봐도 알 수 있는 사실입니다.

1. 수학 개념 공부법

1) 개념과 원리

　① 기본 개념

　　- 교과서나 기본서에 있는 개념

　　- 개념 읽기 → 예제 확인 → 유제 풀이(해설지 읽고 풀기 OK)

　② 확장 개념

　　- 기본 개념에서 파생될 수 있는 세분화된 개념

　　- 유형별로 한 문제씩만 골라 풀기 → 정확한 해설지 독해

　③ 심화 개념

　　- 심화 교재나 킬러형 고난도 문제, 신유형 문제 등에 들어 있는 개념

　　- 기본 개념만으로 심화 문제 풀기

　　- 평소에 '왜?'라는 질문을 던지고 납득하며 공부하기

2) 개념 공부가 제대로 되지 않으면

　① 개념 공부가 제대로 안되어 있는 경우

　　- 개념과 원리를 이해했지만 잊은 경우

　　- 개념과 원리를 이해하지 못한 채 잊은 경우

　② 개념 공부가 안된 경우 정답률이 들쑥날쑥하다.

　③ 개념 공부가 안된 경우 변형 문제를 풀 수 없다.

3) 개념을 공부하는 다양한 방법

　(1) 개념 배우기

　① 개념 독학

　　- 스스로 개념을 읽고 이해하는 것

　　- 좋은 개념서를 선택한 후 개념을 읽고 정리한다.

② 개념 인강
  - 개념 독학이 어렵거나, 빠른 시간에 개념을 정리할 때, 복습용으로 이용한다.
  - 연습장을 펼쳐 놓고, 중요 내용을 메모하면서 듣는다.
  - 인강을 다 들은 후 메모와 개념서를 이용해 개념 노트를 만든다.
③ 학원 다니기
  - 예습과 복습 필요
(2) 개념 다지기
  ① 개념 복습
    - 상위권 추천
    - 문제가 막힐 때마다 개념 복습
  ② 개념 필사
    - 저학년 또는 하위권 추천
    - 개념 학습 후 개념을 이해하고 생각하면서 개념서 필사하기
  ③ 개념 요약정리
    - 개념을 나만의 언어로 정리하기
    - 여백을 많이 비워 두고 나중에 추가할 내용이 있으면 적는다.
  ④ 백지 개념 테스트
    - 개념을 장기기억에 저장하지 못할 때 추천
    - 개념 학습 후 백지에 배웠던 내용 써 보기
    - 백지 개념 테스트 후 개념서와 비교하면서 틀린 부분 찾기
    - 일정 시간 후 답안이 완벽해질 때까지 백지 테스트 반복
  ⑤ 개념 설명
    - 내가 선생님이 돼서 개념 설명하기
    - 칠판 또는 연습장에 쓰면서 내용을 머릿속에서 떠올리면서 설명하기
    - 설명이 부드럽지 않은 부분은 제대로 이해하지 못한 부분이므로 복습하기
  ⑥ 개념을 쉽게 잊는 경우 극복 방법
    - 누적하기 사용
    - 백지 개념 테스트나 개념 설명을 할 때 이전 단원들을 누적하는 방식

- 2단원 복습할 때 1단원도 같이, 3단원 복습할 때 1~2단원 같이 복습하기

⑦ 개념 암기 방법

- 개념 노트 예제와 함께 정리하기

- 개념 노트 수시로 읽기

- 개념 노트 읽으면서 문제 풀기

⑧ 시간이 부족한 경우 개념 노트 대체하는 방법

- 개념서를 1개 선정

- 문제를 풀지 않고 필수 예제 풀이까지만 반복해서 읽기

2. 수학 문제 풀이법

1) 기본 문제

① 문제를 풀다가 막히면 개념을 다시 읽고 문제 풀기

② 그래도 풀리지 않으면 해설을 정독하며 문제 풀기

③ 문제에 개념이 어떻게 적용되는지 내용 정리하기

2) 유형 문제

① 대표 문제가 풀리지 않으면 대표 유형 위 소개념을 읽고 다시 푼다.

② 대표 유형 풀이가 끝나면 각 유형별로 한 문제씩 골라서 푼다.

③ 유형을 무작위로 풀어도 상관없다.

3) 심화 문제

① 한 가지 방법에 얽매이지 말고 다양하게 생각해 보기

② 오랫동안 고민하면서 최대한 스스로 문제 풀기

③ 해설지를 볼 경우 지우개로 가리면서 한 줄씩 읽기

3. 오답 정리하는 법

1) 주기적인 방법(매주 하루를 정해 4~6주 동안 동일한 문제 반복 풀기)

① 1단계 : 일주일 동안 애매하게 맞거나 몰라서 틀린 문제 체크(v)

② 2단계 : 체크한 문제를 질문이나 풀이를 통해 이해한 후 다시 풀기

③ 3단계 : 그 주 토요일에 체크한 문제 다시 풀기 → 풀린 문제(ⓥ), 안 풀린 문제 (vv) 표시

④ 4단계 : 1~2단계 반복 후, (∨)문제와 (∨∨)문제 다시 풀기

⑤ 5단계 : 틀린 문제는 질문이나 풀이를 통해 이해하고 다시 체크(∨∨, ∨∨∨)

⑥ 6단계 : 1~2단계 반복 후, (∨)문제와 (∨∨)문제, (∨∨∨)문제 다시 풀기

⑦ 7단계 : 틀린 문제는 질문이나 풀이를 통해 이해하고 다시 체크(∨, ∨∨, ∨∨∨)

⑧ 위 단계를 계속해서 반복한다.

2) 설명하는 방법

① 내가 힘들게 푼 문제를 친구에게 풀게 한다.

② 친구가 못 풀면 친구에게 설명해 준다.

③ 설명을 들어 줄 사람이 없다면 자기 자신에게 설명해도 된다.

4. 다회독하는 법

1) 모르는 문제 선별

① 문제집과 연습장, 노트를 준비한다.

② 연습장에 문제를 풀고, 노트에 문항 번호와 답을 쓴다.

③ 문제집에 맞힌 것은 O, 틀린 것은 / 표시만 한다.

④ 문제를 다 풀면 채점을 하고 틀린 것들을 고친다.

⑤ 고친 후 재채점을 하고 모르는 문제만 남을 때까지 위 과정을 반복한다.

⑥ 모르는 문제만 남으면 하루 이상 지난 후 해설지를 보며 오답 정리를 마무리한다.

2) 해설지 오답 정리

① 맞힌 문제와 틀린 문제 모두 해설을 확인한다.

② 맞힌 문제는 왜 맞혔는지 확인하고, 정확히 푼 것이 아니면 별표를 친다.

③ 틀린 문제 중 단순 계산 실수나 문제를 잘못 읽은 것들은 세모로 표시한다.

④ 틀린 문제 중 모르는 문제는 한 번에 모든 해설을 보지 않고, 지우개로 해설을 가리며 한 줄씩 읽는다.

⑤ 읽던 중 문제를 풀 수 있는 실마리를 찾으면 해설을 그만 읽고 스스로 푼다.

⑥ 해설을 봐도 이해가 되지 않는 부분은 선생님에게 질문한다.

3) 문제집 1회독 완성

① 2단계 후 하루 이상 지나서, 틀린 문제 중 해설을 조금이라도 보고 푼 것들을

다시 푼다.

② 풀리는 문제는 1차 오답 정리가 완료된 것이다. 안 풀리는 문제는 다시 해설지를 보면서 푼다.

③ 다시 해설을 보고 푼 문제를 모아, 하루 이상 지난 후 위 과정을 반복한다.

④ 모든 문제를 스스로 풀면 문제집 1회독이 완성된다.

4) 문제집 n회독

① 1회독 후 해설지 풀이가 기억나지 않을 때 2회독을 시작한다. 1개월 후가 적당하다.

② 2회독 때는 문제집에 별표 쳐진 문제들만 다시 푼다. 즉 단순 계산 실수나 내 힘으로 고친 문제는 빼고 해설을 보거나 선생님에게 질문한 문제들만 다시 푼다.

③ 한 번에 풀리는 문제는 별표에 동그라미를 친다. 안 풀리는 문제는 별표를 추가한다.

④ 그 후 1회독의 1~3단계 과정을 반복한다.

⑤ 이후 해설지 풀이가 기억나지 않을 때쯤 3회독을 시작한다.(1개월 후)

⑥ 별표 2개짜리 문제만 다시 풀고, 위 과정을 반복한다. 동일한 방식으로 모든 별표에 동그라미가 그려질 때까지 회독을 반복한다.

5. 해설지 활용법

1) 초등학생의 경우

① 해설지를 부모님/선생님에게 맡기고 모르는 것은 질문한다.

② 개념 문제를 틀린 경우 : 개념서를 복습한다.

③ 문제해결력을 요구하는 문제를 틀린 경우 : 잠깐 고민하고 다시 푼다. 풀지 못하면 힌트를 받는다.

2) 중·고등학생의 경우

① 해설지를 손이 닿지 않는 곳에 둔다.

② 1일차는 문제만 푼다.

③ 2일차는 채점을 하고 오답 정리를 한다.

④ 오답 정리를 해도 안되는 것들은 따로 표시한다(★).

⑤ 3일차는 오답 정리를 해도 안 풀리는 문제(★)만 해설을 보고 이해한다.

⑥ 이해가 되지 않은 것들은 질문을 통해 이해한다.

3) 해설지를 통한 개념 정리 방법

① 정확한 방법으로 풀지 못한 문제와 몰라서 틀린 문제를 표시한다.

② 해설을 보면서 풀지 못한 이유를 정리한다.

③ 키포인트나 연결고리를 미리 정리하고 시험 보기 전에 다시 읽는다.

6. 노트&연습장 활용법

1) 추천하는 방법

① 추천 : 민무늬 연습장

② 한 장에 한 문제 또는 여러 장에 한 문제를 푼다.

③ 문제를 풀 때 떠오르는 아이디어를 써 가면서 문제를 푼다.

2) 추천하지 않는 방법

① 문제집에 바로 푸는 경우

② 줄이 있는 노트를 반으로 접어 번호 적고 푸는 경우

③ 어려운 문제인데 풀이를 예쁘게 정리해서 순서대로 푸는 경우

7. 내신 대비하는 법

수준	3월	4월 1일~20일	4월 20일~시험 보기 전

상
위
권
	1. 선행 진도 나가기
	2. 현행 유형별/준심화
	  문제집(쎈수학, 일품)
		1. 현행 심화 문제집
		  (블랙라벨, 에이급)
		2. 주 3회 기출 테스트
			1. 교과서 및 학교
			  프린트 복습
			2. 매일 기출 테스트

중
위
권
	1. 선행 진도 나가기
	2. 현행 유형별 문제집
	  (쎈수학, 알피엠)
		1. 교과서 및 학교 프린트
		2. 주 3회 기출 테스트
			1. 시험 공부했던 것
			  오답 정리 및 복습
			2. 매일 기출 테스트

하
위
권
	1. 선행 진도 나가기
	2. 현행 유형별 문제집
	  (라이트 쎈)
		1. 현행 유형별 문제집
		2. 교과서 및 학교
		  프린트(라이트 쎈)
			1. 시험 공부했던 것
			  오답 정리 및 복습
			2. 매일 기출 테스트

8. 수학을 어려워하는 학생들을 위한 공부법

1) 개념 공부법

    ① 개념 듣기 : 혼자 공부하는 것보다 학원/인강이 효과적

    ② 개념 테스트 만들기 : 각 주제에 대한 핵심적인 내용 적기(개념의 소제목)

    ③ 1회독 : 개념 듣기 → 개념 테스트 → 문제 풀기 → 누적하면서 반복

    ④ 2회독 : 잊은 개념만 개념 듣기 → 개념 테스트

    ⑤ 3회독 : 혼자서 개념서 정독 → 개념 테스트

2) 문제 풀이법

  (1) 1회독

    ① 4분할/6분할 노트에 해설지 독해 및 필사

    ② 해설지 중 이해되지 않은 부분 밑줄 긋고 질문하기

    ③ 필사한 노트를 보면서 스스로 설명하기

  (2) 2회독

    ① 민무늬 연습장에 한 문제씩 풀고 답 확인하기

    ② 맞힌 문제 : 풀이와 해설지 비교하고 차이 적기

    ③ 틀린 문제 : 별표 치고 해설지를 필사한 노트를 보면서 틀린 원인 적기

    ④ 별표 친 문제만 민무늬 연습장에 다시 풀면서 스스로 설명하기. 기억나지 않으
       면 노트 참고

  (3) 3회독

    ① 민무늬 연습장에 별표 친 문제만 다시 풀고 해설지 필사 노트의 해설 읽기

    ② 틀린 문제 : 별표 치고 해설지를 필사한 노트를 보면서 틀린 원인 적기

    ③ 별표 추가된 문제만 민무늬 연습장에 다시 풀면서 스스로 설명하기

    ④ 별표가 2개 이상인 문제는 내신 대비 시 다시 풀기

1) 수준별 선행 진도표(수시 목표)

① 예시

학년	구분	상위권	중위권	하위권
중1	선행	중3 과정 개념/유형	중2 과정 개념/유형	중1 과정 개념
	현행	중1 과정 심화	중1 과정 준심화	중1 과정 유형
중2	선행	고1 과정 개념/유형	중3 과정 개념/유형	중2 과정 개념
	현행	중2 과정 심화	중2 과정 준심화	중2 과정 유형
중3	선행	고2 과정 개념/유형	고1 과정 개념/유형	중3 과정 개념
	현행	중3 과정 심화	중3 과정 준심화	중3 과정 유형

② 상위권 수학 선행 방법

상위권 수학 선행 순서	교육 과정대로
상위권 수학 선행 교재	개념(1권) + 유형(1권) + 심화(1권)
상위권 현행 복습 교재	준심화(1권) + 심화(1권)

③ 중위권 수학 선행 방법

중위권 수학 선행 순서	중1-1 → 중2-1 → 중1-2 → 중2-2 → 중3-1 → 고등 수학(상) → 중3-2 → 고등 수학(하) → 수1 → 수2
중위권 수학 선행 교재	중등 과정 : 개념(1권) + 유형(1권) 고등 과정 : 기초(1권) + 개념(1권) + 유형(1권)
중위권 현행 복습 교재	유형(1권) + 준심화(1권)

2) 선행과 심화의 균형 잡기(수시 목표)

　① 중학교 학습에 너무 많은 시간 할애하지 않기(개념/유형/심화 모두 포함 3~5
　권만 진행하기)

　② 시간 부족 시 부분적 심화 진행

　③ 우선순위 : 중2-1 > 중2-2 > 중3-1 > 중3-2 > 중1-1 > 중1-2

학년	과정	심화 필요성	고등 연계성	수능 연계성
중1-1	소인수분해			
	정수와 유리수			
	문자와 식	O	O	
	좌표평면과 그래프	O	O	
중1-2	기본도형			
	평면도형		O	O
	입체도형			
	통계			
중2-1	수와 식			
	부등식	O	O	
	방정식	O	O	
	함수	O	O	
중2-2	도형의 성질	O	O	O
	도형의 닮음	O	O	O
	확률		O	O
중3-1	실수와 그 계산			
	다항식의 곱셈과 인수분해	O	O	
	이차방정식	O	O	
	이차함수	O	O	
중3-2	삼각비	O	O	O
	원의 성질		O	O
	통계			

3) 중·고등 교재 난이도별 분류 및 수준별 교재 선택법
- 중등 교재 난이도별 분류

난이도	개념 교재	유형 교재	심화 교재
극심화			에이급
심화			블랙라벨, 최상위
			일등급 수학, 최고수준
준심화		에이급 원리해설	최고득점, 절대등급, 일품
		쎈수학, 우공비Q 발전편	
응용	숨마쿰라우데	최상위 라이트	
	개념원리	알피엠	
기본	우공비, 개념+유형 파워	빨리 강해지는 수학	
	신 수학의 바이블	라이트 쎈	
	개념쎈, 풍산자 개념 완성	우공비Q 표준편	
기초	개념+유형 라이트, 체크체크		
	빨리 이해하는 수학	풍산자 반복수학	

- 수준별 중등 교재 선택법

수준	선행 진도	현행 복습(내신 대비)
상위권	기본(1권), 유형(1권), 심화(1권)	준심화(1권), 심화(1권)
중위권	기본(1권), 유형(1권)	유형(1권), 준심화(1권)
하위권	기초(1권), 기본(2권)	유형(1권)

- 고등 교재 난이도별 분류

난이도	개념 교재	유형 교재	심화 교재
심화	실력 정석		블랙라벨
		마플 시너지, 자이스토리	일등급 수학
준심화	바이블, 숨마쿰라우데		일품, 올림푸스 고난도
	기본 정석	쎈수학	
응용	마플 교과서	EBS 올림푸스	
		알피엠, 일등급 만들기	
기본	수학의 샘, 개념+유형	내공의 힘, 라이트 쎈	
기초	개념원리, 개념쎈	풍산자 필수 유형	
	개념쎈 라이트, 풍산자		

- 수준별 고등 교재 선택법

수준	선행 진도	현행 복습(내신 대비)
상위권	개념(1권), 유형(2권), 심화(1권)	유형(1권), 심화(2권)
중위권	개념(2권), 유형(1권)	유형(1권), 준심화(1권)
하위권	연산(1권), 개념(1권)	개념(1권), 유형(1권)

10. 수학 공부에 도움이 되는 팁

1) 슬럼프에 빠지지 않는 법

① 규칙적으로 생활하기(특히 규칙적인 수면이 중요)

② 계획표 만들기(1년 → 월간 → 주간 순으로 짜되 뒤로 갈수록 자세하게)

③ 긍정적인 무의식 만들기

    - 듣기 : 유튜브 등에서 긍정적 자기 암시 명상 듣기

    - 상상하기 : 되고 싶은 모습 구체적으로 시각화해서 상상하기

    - 말하기 : 자기 암시를 작게 말하기

    - 작은 성공 맛보기 : 작은 목표를 설정하고 성공하기

2) 효율적인 암기 방법

① 암기할 내용을 A4용지에 정리해서 적는다.

② 정리한 A4용지를 잘 보이는 곳에 붙이고 수시로 본다.

③ 암기한 것은 따로 보관하고, 새로 암기할 것을 붙인다.

④ 새로 암기할 것이 없다면 이전에 암기한 것을 다시 붙여 다시 암기한다.

3) 항상 집중하는 법

① 공부 외 시간(씻는 시간, 밥 먹는 시간, 화장실 가는 시간 등)을 낭비하지 않는다.

② 50분 공부하고 10분 휴식한다.

③ 집중이 잘되는 시간에는 수학이나 과학을, 집중이 안되는 시간에는 영어를 공부한다.

④ 계획표를 표시하여 멍 때리기를 방지한다.

⑤ 잡념은 포스트잇에 적어 흘려보낸다.

4) 공부 습관 만드는 방법

① 1단계 : 일단 앉아서 공부하기 → 힘들면 만화책 읽으면서 3~4시간 앉아 있기

② 2단계 : 일단 앉아서 공부하기 → 힘들면 소설책 읽으면서 3~4시간 앉아 있기

③ 3단계 : 일단 앉아서 공부하기 → 힘들면 필독서 읽으면서 3~4시간 앉아 있기

④ 3~4시간을 10~12시간까지 늘리기

진짜 수학 공부법
적용 사례

수학 학원을 활용한 공부법

강의식 학원

강의식 학원의 특징

가장 보편적인 수업 방식의 학원입니다. 학교와 동일한 수업 방식이라고 생각하면 됩니다. 강의식 학원의 특징은 교습자가 혼자서 강의를 하고, 학생들은 '보기'와 '듣기' 방식으로 수업을 한다는 점입니다.

강의식 학원 수업 방식

대부분 학원의 수업 시간은 1시간 30분~3시간입니다. 학생들이 오면 과제 검사와 풀이를 진행합니다. 교습자는 과제 검사 및 풀이 시간이 전체 수업 시간의 절반을 넘지 않는 범위에서 학생들이 모르는 문제를 풀어 줍니다. 중위권의 경우는 질문 양이 적당해서 모르는 문제를 풀어 주고도 시간이 남아 과제 중 어려워 보이거나 중요한 문제를 골라서 풀어 주기도 합니다.

상위권의 경우는 질문이 적어서 모르는 문제와 어려운 문제, 중요한 문제를 풀어 줘도 시간이 남아 학생들에게 자습 시간을 주고 개별 첨삭을 해 주는 경우가 많습니다. 개별 첨삭이란 교습자가 학생들의 개별 질문을 받아주는 것을 뜻합니다. 개별 질문 시간에는 학생들이 개인적으로 푸는 교재나 학교 과제에 대한 질문을 받아 주거나, 수업 시간에 잘 이해가 안된 부분을 일대일로 설명해 줍니다.

하위권의 경우는 모르는 것이 많아 질문 시간이 항상 부족합니다. 학생들 대부분이 복습이나 과제를 제대로 하지 않기 때문에 과제 질문뿐만 아니라 전 시간 개념 설명까지 해야 하는 경우가 많습니다. 그러다 보면 과제 풀이만으로 수업 시간이 다 지나서 진도를 못 나가는 경우가 많이 생깁니다. 그래서 일부 학원에서는 하위권 수업 때 아예 질문을 받지 않고 교재의 모든 문제를 다 풀어 준 후, 학생들에게 교습자가 풀어 줬던 문제를 다시 풀어 오라는 숙제를 내주기도 합니다.

과제 풀이가 끝나면 개념 수업이 진행됩니다. 교습자는 어떤 단원에 대한 개념을 설명하고 예제를 풀어 줍니다. 학생들 수준에 따라 유제를 풀어 보도록 시간을 주는 경우도 있고 유제까지 교습자가 다 풀어 주는 경우도 있습니다.

학생들에게 유제를 풀 시간을 주는 경우에도 학생마다 수준 차이가 많이 나기 때문에 상위 20~30%의 학생이 다 풀면 교습자는 그 유제에 대해 풀이를 해 주고 수업을 진행합니다. 모든 학생이 다 풀 때까지 기다리면 미리 푼 학생들은 할 것이 없기 때문입니다.

교습자는 수업을 할 때 그 반의 상위 20~30% 학생들의 학습 속도에 맞춰서 진행한다고 생각하면 됩니다. 개념 학습이 예제와 유제 풀이까지 완료하고도 시간이 남으면 연습 문제에서 어렵거나 중요한 문제를 골라서 풀어 준 후 과제를 내주고 수업이 마무리됩니다. 이것이 일반적인 강의식 학원의 수업 패턴입니다.

강의식 학원의 장단점

강의식 학원은 비슷한 실력을 가진 학생들끼리 묶어서 수준별 수업을 하고, 충분한 개념 설명과 충분한 문제 풀이를 해 줄 수 있습니다. 따라서 우열반 구조에서 경쟁심을 느끼고 비슷한 수준의 학생들끼리 눈높이에 맞는 수업을 들을 수 있다는 장점이 있습니다. 단점은 개별 관리가 부족하고, 나에게 맞는 교재와 진도 등의 맞춤식 수업이 불가능하다는 것입니다.

강의식 학원 선택법

강의식 학원을 선택할 때는 강의식 학원의 장점은 최대한 부각하고 단점은 최소화하는 곳을 선택하면 좋습니다. 강의식 학원의 장점이 우열반에 의한 수준별 반편성이므로 가급적 대형 학원을 선택하는 것이 좋습니다. 대형 학원은 수준별로 많은 반이 있으므로 나의 선행 진도와 심화 수준에 맞춰서 적절한 반을 배정받을 수 있습니다. 물론 중소형이라 반의 개수는 적지만 테스트를 통해 일정한 수준의 학생들끼리 묶어서 수준별 수업을 해 주는 학원도 괜찮습니다.

강의식 학원의 단점은 개별 관리가 부족한 것이므로 관리가 강한 학원을 선택하면 좋습니다. 강의식 학원의 경우 다음과 같은 형태를 추천합니다.

첫째, 수업 전에 미리 강제 자습 시간이 있어서 과제 정리와 테스트를 통해 복습시켜 주는 학원을 추천합니다. 강의식 학원은 과제 풀이 이후 개념 수업을 하는 구조이므로 반드시 수업 전에 과제가 완성되고 정리가 되어야 교습자의 과제 풀이 수업을 이해할 수 있습니다. 과제만 건성으로 하고 수업을 들으면 과제 풀이 수업도 겉돌게 되고, 이후 개념 수업은 복습 부족으로 아예 이해하지 못합니다. 따라서 이런 작업을 강제로라도 해 줄 수 있는 관리 시스템을 갖춘 강의식 학원을 추천합니다.

둘째, 수업 시간에 개별 첨삭 시간이 보장된 학원을 추천합니다. 강의식 학원에서는 수업 시간에 과제 풀이나 질의 응답이 진행됩니다. 그러나 수업을 못 따라가는 학생들은 모르는 것이 너무 많이 누적되어 아예 질문조차 하지 못하고 방치되는 경우가 많습니다. 그러므로 수업 시간 내에 개별 첨삭 시간이 있는 학원이 좋습니다. 예를 들어 수업 시간이 2시간이라면 과제 풀이(40분), 개념 수업(40분), 개별 첨삭(40분) 이런 식의 시스템이 구축된 학원을 선택하는 것이 좋습니다. 그래야 혹시 수업을 못 따라가도 담당 선생님에게 일대일로 첨삭받을 기회가 생깁니다.

셋째, 수업이 끝난 후 배운 것을 복습시켜 주는 학원을 추천합니다. 수업 시간이 끝나면 30분 정도 그날 배운 것에 대해 개념 테스트를 하거나, 개념 노트 정리를 작성하게 하는 학원이 좋습니다. 대부분의 학생이 따로 복습을 하지 않기 때문에 강제로 복습시켜 주고 개념을 정리하게 한 후 보내주는 학원이 도움 됩니다.

넷째, 테스트를 자주 보는 학원을 추천합니다. 개념을 장기기억에 집어넣는 데 가장 효과적인 방법은 '인출연습'입니다. 따라서 개념 테스트, 일일 테스트, 주간 테스트, 단원 테스트, 월례고사 등 테스트가 많은 학원이 좋습니다.

강의식 학원 잘 다니기

특별한 관리가 없는 순수 강의식 학원을 잘 다니기 위해서는 예습과 복습이 필수입니다. 순수 강의식 학원은 개념 수업 시 따로 학생들이 문제를 풀거나 개념을 익힐 시간을 주지 않습니다. 따라서 교습자의 개념 수업이 잘 이해되지 않거나 수업 내용을 놓치면 낭패를 겪게 됩니다. 이것을 극복하기 위해서 다음과 같은 실천이 필요합니다.

첫째, 예습을 합니다. 예습으로 오늘 배울 내용을 미리 읽고 오거나 인강을 한 번 듣고 수업에 참여하면, 수업 시간이 복습 시간이 되어 수업 내용을 놓칠 염려도 없고 학습 효과도 높습니다. 어느 정도 개념에 대한 이해가 있기 때문에 수업을 놓치지 않으면서 필기나 개념 노트 정리도 할 수 있습니다.

둘째, 복습을 합니다. 복습은 단순히 과제 풀이를 뜻하지 않습니다. 수업 시간이 끝나면 집에 가면서 그날 배운 것을 머릿속에 떠올리며 누군가에게 설명한다고 생각하며 되짚어 봅니다. 이때 개념뿐만 아니라 문제 풀이도 절차대로 설명한다고 생각하며 회상합니다. 집에 가서는 가급적 그날 과제를 합니다. 잠을 자면 대부분 낮에 배운 정보들이 해마에 의해 삭제됩니다. 그걸 방지하기 위해서는 복습이 필요합니다. 여러 번 반복되어 들어온 정보는 해마가 중요하다고 판단해서 삭제하지 않고 장기기억에 집어넣기 때문입니다.

과제를 마무리하면 부모님에게 채점을 받거나 본인이 채점한 후 틀린 것을 다시 풀고 재채점까지 마무리합니다. 그래도 틀린 것은 다음날 학교에서 풀어 보고, 안되는 것들은 학원 수업 시간에 질문합니다. 밤에 잠을 자기 전에는 5~10분 정도 그날 배운 것을 다시 머릿속에 떠올립니다.

셋째, 강의식 학원은 통일된 수업을 진행하므로 나에게 부족한 것이 생길 수 있습니다. 개념이 잘 이해되지 않고 부족할 때는 학원 교재보다 좀 더 쉬운 개념 교재를 선택하고 인강 등을 들으면서 개념 교재를 추가로 더 풀어 봅니다. 문제 풀이 연습이 더 필요하면 유형별 교재를 한 권 더 사서 풀어 봅니다.

학원에서 심화를 하지 않고 선행만 빨리 나간다면 심화 교재를 선택하여 풀어 볼 수도 있습니다. 모르는 것은 해설지를 참조하고 그래도 해결이 안되면 학원 선생님에게 따로 찾아뵙고 개별 질문을 합니다. 이렇듯 강의식 학원을 다닐 때는 나의 학습 소화 수준을 판단하면서 추가적인 학습이 필요할 수 있습니다.

넷째, 강의식 학원은 개별 관리가 부족하여 자기 주도적인 예습과 복습이 추가로 필요할 수 있습니다. 따라서 그런 것까지 고려하여 내가 소화할 수 있는 진도와 학습량, 과제물을 제공하는 학원을 선택해야 합니다. 너무 많은 과제물을 내주거나 진도가 매우 빠르다면 예습과 복습을 할 시간이 부족하여 수업을 못 따라갈 가능성이 높습니다. 말 그대로 듣고 배우기만 하고 익히지 못해 학습한 것이 휘발유처럼 날아가는 현상을 겪을 것입니다. 따라서 내가 익히는 시간을 확보할 수 있는 학원을 선택하는 것이 중요합니다.

개별 맞춤식 학원

개별 맞춤식 학원의 특징

개별 맞춤식 학원은 강의식 학원의 단점이 부각되면서 보완하는 형태로 나오게 된 학원입니다. 한 반 인원은 보통 4~6명이고 무학년이라 학년 상관없이 섞여 있는 경우가 많습니다. 학생별로 진도와 교재·수준이 다 다르고, 교습자가 서로 다른 진도와 교재·학습 수준을 가진 학생들을 돌아가면서 지도하는 구조입니다.

개별 맞춤식 학원 수업 방식

개별 맞춤식 학원은 학생들이 오면 보통 테스트를 보거나 부교재를 풉니다. 혹은 과제 완성이 부족한 학생들은 과제를 완성합니다. 교습자가 테스트나 부교재를 풀고 있는 학생들을 한 명씩 돌아가면서 과제 관리를 하고, 오답 정리를 해 오지 않은 학생에게는 과제 채점과 오답 정리를 시킵니다.

과제 오답 정리 및 과제 질문이 마무리되면 교습자는 돌아가면서 개별로 개념 수업을 진행합니다. 개념 수업의 경우 태블릿PC로 동영상 강의를 듣게 하는 학원도 있고, 교습자가 돌아가면서 개념 설명을 해 주는 학원도 있습니다. 개념 설명이 끝난 학생은 개념 교재의 문제를 스스로 풀면서 잘 모를 경우 교습자의 힌트나 도움을 받습니다. 수업이 끝나면 개별로 과제를 받습니다.

개별 맞춤식 학원의 장단점

개별 맞춤식 학원은 강의식 학원에 비해 학생의 적극적인 노력을 유도한다는 장점이 있습니다. 과제 풀이를 할 때 강의식 학원은 학생들이 모르는 문제를 칠판에 바로 풀어 주는 반면, 개별 맞춤식 학원은 최대한 학생 스스로 과제를 고치게 하고 그 과정에서 힌트 등을 주면서 스스로 오답을 고칠 수 있도록 유도합니다. 개념 수업 때도 강의식 학원은 교습자가 개념 설명과 대부분의 문제를 풀어 주는 반면, 개별 맞춤식 학원은 개념만 설명해 주고 문제는 학생이 개념을 익혀서 스스로 풀도록 유도합니다.

과제의 경우도 강의식 학원은 학생이 과제를 제대로 해 오지 않아도 공통 진도를 나가므로 구멍이 생기는 반면, 개별 맞춤식 학원은 학생이 과제를 제대로 해 오지 않은 경우 학원에서 과제 마무리와 오답 정리까지 시킨 후 진도를 나가기 때문에 진도가 느릴지언정 구멍이 생기지는 않습니다.

학생별로 개별 진도를 나가기 때문에 우수한 학생은 빠르게 진도를 나갈 수 있고, 부족한 학생은 수준에 맞춰 구멍 없이 수업을 진행할 수 있는 장점이 있습니다. 교재의 경우도 학생이 따라오는 정도에 맞춰 바로 변경할 수 있는 장점이 있습니다. 아울러 수업 자체가 자기 주도적인 방식(자습)이므로 학원에서 수업을 하는 시간이 학생의 순수 공부 시간과 거의 일치하는 장점이 있습니다.

그러나 개별 맞춤식 학원도 단점이 있습니다. 가장 큰 단점은 여러 명을 돌아가면서 관리하므로 학생 한 명에게 분배되는 시간이 많지 않다는 것입니다. 예를 들어 정원 6명이 2시간 수업을 한다면 1명당 20분씩 분배가 되는 셈입니다. 따라서 20분 정도의 관리로는 진도를 따라가기 부족한 학생의 경우는 개별 맞춤식 학원이 적합하지 않습니다.

특히 개념 수업의 경우 돌아가면서 서로 다른 개념을 학생에게 설명해야 하므로 학생 한 명에게 충분히 설명해 주기 힘든 경우가 많습니다. 따라서 개념 설명이 많이 필요한 고등 과정에는 적합하지 않을 수 있습니다.

물론 하위권 학생의 경우도 충분한 개념 설명이 부족해서 개별 맞춤식 학원이 힘들 수 있습니다. 이런 단점을 극복하기 위해서 동영상 강의를 미리 찍고 학생들에게 태블릿PC로 보게 하는 학원도 있습니다. 그런 학원에서는 학생이 개념을 제대로 이해했는지를 개념 테스트 등으로 확인하곤 합니다.

무학년이라 또래와의 경쟁을 통한 동기부여가 없다는 것도 단점입니다. 강의식 학원은 수준별 우열반 편성으로 경쟁을 통해 승급이 되는 등의 동기부여가 작동하나, 개별 맞춤식 학원은 혼자서 공부해야 하는 외로움과 경쟁 부족으로 인한 매너리즘에 빠질 수도 있고 느슨해지기 쉽습니다.

개별 맞춤식 학원 선택법

개별 맞춤식 학원은 교습자가 진도가 다른 여러 학생을 동시에 이끌며 수업을 해야 하므로 실력이 좋고 경험이 많아야 합니다. 그래야 서로 다른 진도에 대해 원활한 개념 설명과 질문을 받아 줄 수 있습니다. 경험이 부족한 강사의 경우는 동시에 여러 진도를 나가는 수업을 해 나갈 역량이 부족합니다. 따라서 강사진이 경험 많고 실력이 있는 곳을 선택하는 것을 추천합니다.

또한 개별로 수업이 진행되므로 개별 관리 프로그램이 잘되어 있어야 합니다. 개념에 대한 확인을 '설명하기'나 '개념 테스트'로 진행하는지, 오답 정리는 오답 정리 프로그램을 통해 유사 문제를 연습시켜 줄 수 있는지, 개별 테스트는 주기적으로 보는지 등을 확인합니다.

개별 맞춤식 학원 잘 다니기

개별 맞춤식 학원을 잘 다니기 위해서는 성실한 과제 오답 정리가 필요합니다. 과제를 내주면 집에서 오답 정리까지 마무리한 후 모르는 것만 체크하여 교습자의 힌트를 받고 풀 수 있도록 합니다. 수업 시간에 과제 오답 정리가 빠르게 마무리되어야 진도를 원활히 나갈 수 있습니다. 진도가 원활히 나가면 여유가 생기고, 그러한 여유를 바탕으로 심화에 도전할 기회가 생깁니다.

내가 얼마나 열심히 하느냐에 따라 선행과 심화가 결정되므로 자기 주도적으로 공부하는 자세가 필요합니다. 개별 맞춤식 학원은 강의식 학원에 비해 개념 수업이 부실할 수 있으므로 집에서 인강 등으로 개념을 보충하면 학원 다니는 효과가 더욱 커집니다.

프로그램을 잘 갖춘 개별 맞춤식 학원을 선택할 경우에는 학생이 무언가 추가로 할 것이 거의 없습니다. 과제 정도만 미리 채점하고 오답 정리를 해서 오면 학습 효과를 높일 수 있습니다. 그러나 만약 관리 프로그램이 꼼꼼하지 않다면 학원을 다니면서 다음과 같은 공부법을 병행합니다.

- 학원 오기 전에 미리 개념을 읽어 보거나 인강 듣기(개념 예습)
- 학원 수업이 끝난 후, 집에 오면서 그날 수업한 내용 회상하기
- 과제 완료하고 부모님한테 채점 받기
- 과제 틀린 것은 다음날 학교에서 다시 풀기
- 나만의 개념 노트 만들기(수업 시간에 배운 내용을 개념서 보며 정리)
- 수업 시간에 선생님에게 질문한 문제는 오답 노트(실수 노트) 작성하기
- 일주일에 하루를 복습의 날로 정해 일주일간 공부한 내용 복습하기(학습한 개념에 대한 개념 테스트 또는 개념 설명하기, 틀린 문제 다시 풀어 보기)

혼공 수학 공부법

중등 수학부터는 개념이 어려우므로 혼공 시 개념 오독 방지를 위해 인강과 해설지 독해를 적극적으로 활용하면 좋습니다.

개념 학습

혼공 시에는 첫 개념서로 교과서를 활용하는 것도 괜찮습니다. 일단 양이 적어 호흡이 짧고 난이도가 낮습니다. 빠르게 교과서로 개념을 정리하고 개념서로 꼼꼼히 개념 학습을 합니다.

교과서

개념 독해를 합니다. 교과서를 정독하면서 필요한 것들은 노트에 정리합니다. 이때 노트에 차후 개념서 학습 시 추가로 필기할 공간을 남겨 놓습니다.

개념서+인강

인강은 추가해도 되고 안 해도 됩니다. 주변에 수학적인 질문을 도와줄 사람이 없다면 인강을 듣는 것도 좋습니다. 교과서 학습 이후 개념서는 '개념원리'를 추천합니다. 중등 개념서 중에 개념 정리가 가장 꼼꼼하게 되어 있고 혼공에 적합한 개념서입니다. 만약 인강을 듣는다면 교과서를 학습한 후에 인강을 듣고 '개념원리'를 학습합니다. 이때 교과서 학습 시 개념을 정리했던 노트 여백에 추가할 내용을 업데이트합니다.

해설지 독해

교과서와 개념서 학습 시 문제 풀이와 오답 정리가 마무리되면 해설지 독해를 통해 개념을 문제에 정확히 적용했는지 확인합니다. 해설지 독해는 맞힌 문제 중에 정확한 방법으로 풀지 못한 문제와 틀린 문제 중에 단순 계산 실수가 아닌 문제들만 합니다. 필요시 오답 노트 (실수 노트)에 해설지 독해 과정에서 알게 된 것들을 정리합니다.

문제 풀이 연습

유형서

유형서는 개념서를 정리한 후에 진행하는데 개념서 소화 정도에 따라 선택합니다. 보통 개념 원리 정답률이 80~90% 이상이면 쎈수학, 70~80% 이상이면 알피엠, 70% 미만이면 라이트 쎈이 적당합니다. 유형서를 풀 때는 인터리빙 방식으로 유형별로 한 문제씩 골라서 연습합니다.

심화서

유형서 학습 이후 시간적 여유가 있으면 심화서를 진행하고, 시간적 여유가 없고 진도가 느리다면 심화서는 현행(내신 대비) 때 진행하고, 바로 다음 선행을 나갑니다. 심화서는 유형서 소화 정도에 따라 선택합니다.

유형서	정답률	다음 교재
쎈 수학	90% 이상	최상위, 블랙라벨, 에이급 수학
	80~90%	일품, 최고득점, 최고수준
	80% 미만	최상위 라이트, 우공비Q 발전편
알피엠	90% 이상	일품, 최고득점, 최고수준
	80~90%	쎈수학, 최상위 라이트, 우공비Q 발전편
	80% 미만	알피엠 2회독
라이트 쎈	90%이상	쎈수학, 최상위 라이트, 우공비Q 발전편
	80~90%	알피엠
	80% 미만	라이트 쎈 2회독

문제 푸는 방법

혼공 시에는 질문을 하거나 힌트를 받을 교습자가 없으므로 스스로 해결해야 합니다. 다음과 같은 방법을 사용합니다. 모르는 문제는 해당 개념이나 유사 유형을 복습합니다. 그래도 안 풀리면 해설지를 한 줄씩 읽으면서 실마리를 찾고, 아이디어가 떠오르면 해설지를 덮고 문제를 풀어 나갑니다. 해설지를 볼 때는 지우개로 가리면서 한 줄씩 읽으면 좋습니다.

만약 심화 교재 문제가 안 풀리면 그 단원의 유형 교재를 다시 풀어 보고 정리한 후 심화 교재에 도전합니다. 유형 교재가 안 풀리면 그 단원의 개념서를 다시 풀어 보고 정리한 후 유형서를 다시 풉니다. 예를 들어 중1-1 블랙라벨 방정식의 활용이 잘 안 풀린다면 쎈수학 방정식의 활용을 다시 풀어 본 후 블랙라벨을 풉니다. 만약 쎈수학도 안 풀린다면 개념서를 다시 복습하고 쎈수학을 풀어 봅니다.

복습하기

일주일에 하루는 복습의 날로 정해 개념 복습과 문제 복습을 병행합니다. 개념 복습의 방법은 개념 다시 읽기, 개념 노트 정리, 개념 테스트, 개념 설명이 있습니다. 문제 복습의 방법은 틀린 문제 다시 풀어 보기, 오답 노트(실수 노트) 정리하기 등이 있습니다.

내신 대비하기

2학기 중간고사를 기준으로 정리해 보겠습니다.

8~9월

유형별 교재 또는 심화(준심화) 교재 중 한 권을 선택하여 풉니다. 물론 유형별 교재와 심화(준심화) 교재를 각각 한 권씩 총 2권을 풀어도 상관없습니다. 자기가 다니는 학교의 내신 출제 경향과 본인의 목표(특목고/자사고 목표 or 일반고 목표)에 따라 내신 대비 학습량을 조절합니다. 진짜 승부는 고등부터라는 것을 잊지 말고 너무 많은 시간을 중등 내신 대비에 쏟지 않도록 합니다.

9~10월

족보닷컴에서 지역별로 난이도를 생각하며 기출문제를 다운받습니다. 쉬운 학교부터 어려운 학교까지 시간을 재며 기출 연습을 합니다. 기출 연습은 일주일에 3~5회분 정도가 적당합니다. 마무리로 교과서와 학교 프린트 등을 꼼꼼하게 정리합니다. 선생님이 강조한 문제는 풀이까지 암기합니다.

시험 전날

학교 교과서와 프린트를 복습하고, 자기 학교 기출문제를 2년치 정도 시간을 재면서 연습합니다. 그러고도 시간적 여유가 있으면 지금까지 풀었던 문제들 중 틀린 문제를 다시 풀어 보거나 오답 노트(실수 노트)를 정독합니다.

로드맵 세우기

진짜 승부는 고등이라는 것을 염두에 두면서 적절한 선행과 심화를 병행합니다. 심화는 본인 수준에서 할 수 있는 만큼 조금씩 난도를 높여 갑니다. 알피엠 수준이 한계였으면 쎈수학에 도전하고, 쎈수학을 극복하면 일품에 도전하고, 일품을 극복하면 블랙라벨에 도전합니다.

선행은 1~2년 정도 앞서갑니다. 고등에서 내신으로 승부를 보기 위해서는 1~2년은 선행을 해 두어야 유리합니다. 물론 그 이상 할 수도 있겠지만, 최대 2년 정도 선행을 진행했다면 더 이상 선행을 하는 것보다는 심화 능력을 꾸준히 높이는 데 집중하는 것이 좋습니다.

잘못된 수학 공부법
교정 사례

구체적인 학생 적용 사례 시 학생 수준은 일반고 수학 예상 등급으로 나타냈습니다. 각 학생의 특징과 수준을 보면서 비슷한 조건이라면 어떻게 공부법을 적용해야 하는지 파악하면 좋겠습니다.

중3 A군

언어 능력(하), 학습 능력(하), 성실성(하), 6~7등급 예상

A군은 지금까지 자기 주도적인 학습을 단 한 번도 해 본 적이 없고 공부도 열심히 하지 않았습니다. 주로 소수 정예 학원에서 선생님이 옆에서 끼고 반과외식으로 수업을 진행했습니다. 이런 학생들의 특징은 개념을 자기 주도적으로 공부해 본 적이 없기 때문에 선생님이 가르쳐 주면 잊어버리고, 가르쳐 주면 잊어버리는 것을 반복합니다.

따라서 학원에서도 극복이 안되어 과외를 하지만, 과외로도 동일한 이유로 극복이 되지 않습니다. 과외로도 극복이 되지 않으니 다시 과외식의 끼고 가르치는 소수 정예 학원을 찾습니다. 그러나 동일한 이유로 학원에서 극복이 안됩니다.

이 학생은 언어 능력 측정 결과 또래보다 평균 2년이 떨어졌습니다. 언어 능력이 떨어지면 개념 이해 능력도 부족하고, 개념을 구조화해서 머릿속에 체계적으로 저장하는 것도 거의 하지 못합니다. 따라서 가장 먼저 해야 할 일은 수학 언어를 스스로 독해하고 저장하는 연습입니다. 특히 학원에서 개념을 배우면 거의 잊어버려 숙제 자체를 못하기 때문에 해설지 독해 연습부터 시켰습니다.

1단계 : 해설지를 이용해서 스스로 숙제하기

개념을 배우면 바로 잊어버리거나 잊어버리지 않더라도 개념을 문제에 어떻게 적용할지 몰라 거의 문제를 풀지 못합니다. 이런 경우 오랫동안 생각하게 하지 않고 바로 해설지 독해를 시킵니다. 해설지를 읽고 그것을 연습장에 필사하면서 풀이를 이해하고, 개념이 문제에 어떻게 적용되는지 스스로 극복하도록 연습시킵니다.

해설지가 이해되지 않으면 교습자가 설명을 해 줍니다. 해설지를 보거나 선생님의 설명을 들은 문제는 유사 유형을 만들어 과제로 내 줍니다. 과제로 내준 문제를 못 풀면 해설지를 주고 동일하게 해설지 독해를 시킵니다. 그리고 스스로 풀지 못한 문제는 유사 문제를 뽑아 다시 연습시킵니다.

이 과정을 통해 스스로 숙제를 하는 방법을 익히는 동시에 수학 언어를 독해하고 이해하는 능력을 키웁니다.

2단계 : 휘발성 개념 극복하기

언어 능력이 떨어지면 개념 구조화 능력이 없기 때문에 개념을 배우면 바로 잊어버립니다. 학습 능력이 부족한 상태에서는 '반복 듣기'를 시킵니다. 수업 시간이나 집에서 개념을 잊어버리면 인강이나 동영상 강의를 다시 듣고 공부할 수 있도록 지도합니다. 이것이 익숙해지면 개념을 잊어버려도 동영상 강의를 다시 듣고 숙제를 하는 방법을 익히게 됩니다.

이 단계에서 학생이 조금 더 적극적이고 열심히 하려고 하면, 개념 노트 정리와 개념 설명하기를 시킵니다. 개념을 듣고 나면 노트에 개념을 정리하거나 필사하게 합니다. 집에서 인강이나 동영상 강의를 복습하고, 스스로 설명하기 영상을 찍는 과제를 내줍니다.

중2 B군

언어 능력(중), 학습 능력(하), 성실성(하), 5~6등급 예상

B군은 초등부터 억지로 학원을 다니고 공부를 하여 3년 동안 학원을 다녀도 성적이 오르지 않았습니다. B군을 가르쳐 보고 3년 동안 숙제를 베껴서 해 왔다는 것을 알게 됐습니다. 더욱 놀라운 것은 3년 동안 다녔던 여러 곳의 학원에서 단 한 번도 적발되지 않았다는 점입니다. 일단 B군과 약속하여 학원에서 수업 시간을 제외하고 2

시간 동안만 자습을 하고, 그 시간에 할 수 있는 양만큼 숙제를 하기로 했습니다.

개념 설명과 개념 테스트를 통한 개념 구조화 연습

B군은 언어 능력이 어느 정도 있어서 개념 이해력은 좋으나, 지금까지 수동적으로 공부하여 개념을 구조화시켜 머릿속에 집어넣지를 못하는 상태였습니다. 따라서 개념 수업 이후 개념 복습을 시키고 개념 테스트를 봤습니다.

B군이 개념 테스트를 준비하는 시간은 거의 1시간 가까이 됐습니다. 지금까지는 개념을 배우고 바로 문제를 풀었기 때문에 오답이 많고 정답률이 떨어지는 상태였습니다. 즉 개념을 정확히 모르고 문제만 푸는 상태였던 것이죠. 1시간가량 개념 복습을 한 후에 개념 테스트를 보고 문제를 풀게 하니 정답률이 2배 이상 올라갔습니다.

개념 테스트를 하는 방법은 간단합니다. '묻고 답하기'의 경우는 개념서에 있는 소제목을 교습자가 묻고 학생이 설명하게 합니다. '개념 테스트'의 경우는 개념서에 있는 소제목을 적어서 테스트지를 만들고, 학생이 개념을 쓰게 합니다. 이후 개념서를 보고 스스로 채점하면서 부족하거나 잘못 서술한 것은 파란색 볼펜으로 교정하라고 시킵니다. 교습자는 교정이 끝난 개념 테스트를 점검해 줍니다.

시간제 학습과 해설지 활용으로 수동적인 학습 태도 극복

지금까지 숙제를 베껴서 한 것을 극복하기 위해, 학원 오는 날에는

176

일찍 오게 해서 2시간의 자습 시간 동안 과제를 정리하게 했고, 잘 모르는 것은 해설지 독해를 통해 스스로 극복하게 시켰습니다. 해설을 본 것은 유사 유형으로 오답 정리 연습을 시켰습니다.

B군에게 자기 공부를 하는 느낌을 갖도록 유도해 줬습니다. 수학이 약한 학생이 수학을 극복하기 위해서는 해설지를 잘 활용해야 합니다. 그러기 위해서는 숙제를 베껴서 하는 수동적인 학습 자세를 극복해야 합니다. 이런 경우는 시간제 학습을 활용하는 방법이 좋습니다. 일정한 시간 동안만 정성들여서 과제를 할 수 있도록 유도해 주고, 잘 모르면 개념 복습을 하거나 해설지 독해를 통해 정확히 알고 넘어가도록 합니다.

중3 C군

언어 능력(상), 학습 능력(중), 성실성(중), 4~5등급 예상

C군은 초등학교 때 많은 학습량으로 중등부터 사춘기를 겪으며 공부를 놓은 상황이었습니다. 중1~2까지 학원을 다니지도 않고, 수학은 학교 수업만 듣고 따로 복습이나 공부를 하지 않았습니다. 중3 때 저희 학원에 와서 지도를 했는데, 언어 능력이 또래 평균과 같아서 개념 이해력이 좋을 거라고 예상했습니다.

중1~2 과정을 쉽고 간단한 개념서를 정해 후행(선행의 반대)을 진행했습니다. 언어 능력이 중3 평균이라 예상했던 대로 빠른 속도로 중1~2 과정을 극복했습니다. 시간이 없어 중3 과정도 쉬운 개념서와 쉬운 유형서로 간단히 마무리하고 고등 과정을 진행했습니다.

C군은 아주 열심히 하지는 않았지만 숙제를 성실히 했습니다. 고등 과정도 쉬운 개념서와 쉬운 유형서만 진행했으나, 일반고에 진학하여 수학 내신 성적 3~4등급을 받고 있습니다. 이처럼 초등 시절부터 많은 독서를 통해 언어 능력이 형성된 경우에는 사춘기로 인해 수학 공부를 몇 년간 하지 않아도 따라 붙을 수 있는 저력이 있습니다. 아울러 언어 능력이 좋으면 개념 테스트나 묻고 답하기와 같은 연습을 안 시켜도 개념이 구조화되어 머릿속에 잘 저장되기 때문에 개념 학습이 원활히 진행됩니다.

중2 D양

언어 능력(상), 학습 능력(중), 성실성(중), 3~4등급 예상

D양은 언어 능력이 높아 기대를 많이 한 학생입니다. D양은 초등부터 독서, 논술, 한자 등을 꾸준히 해 언어 능력이 또래보다 3년 이상 앞섰습니다. 그러나 테스트를 보면 학습한 것에 비해 점수가 나오지 않았고, 확인 결과 숙제를 베껴서 해 왔다는 것을 알게 됐습니다.

D양이 문제 푸는 것을 일일이 확인해 보니, 개념을 정확히 몰라 이상한 방법으로 풀었고 연산 실수도 많았습니다. 그러니 응용이나 심화는 당연히 할 수가 없었고, 숙제를 내주면 베끼는 방법 말고는 선택할 게 없었습니다.

개념을 정확히 알기 위한 조처

개념 학습 이후 묻고 답하기를 통해 개념을 정확히 이해하는지 확

인하는 작업을 했습니다. 그리고 문제를 풀 때는 해설지 독해를 통해 개념을 정확히 문제에 적용해서 푸는 방법을 알려 줬습니다. 잠을 자기 전에 그날 공부한 수학 내용을 정리해서 선생님에게 카톡으로 보내게 했습니다.

계산 실수를 줄이기 위한 조처

연습장에 식을 세워 풀면서 정확히 계산하게 시켰고, 특히 과제량을 탄력적으로 내주면서 다 끝내는 것에 집중하는 것보다는 정확히 풀 수 있는 데까지 충분한 시간을 주고 풀도록 유도했습니다.

중1 F양
언어 능력(상), 학습 능력(상), 성실성(상), 일반고 2등급

F양은 중1 때 처음 만났습니다. 전에 다니던 강의식 대형 학원이 진도를 빨리 나가 중1-1 과정 연산부터 막히기 시작하여 중등 과정부터 수포자가 될 위기에 놓인 학생이었습니다. 언어 능력을 테스트해 보니 또래보다 2년 이상 높았고, 초등부터 책을 끼고 살아온 학생이었습니다. 물론 중학생인 지금도 책을 많이 읽고 있고요.

언어 능력이 높기 때문에 F양은 이해력에는 문제가 없고, 단순히 연산의 문제라고 판단했습니다. 전에 다니던 대형 학원의 진도가 너무 빨라 새롭게 배우는 중1-1 개념과 언어에 익숙해지기 전에 다음 단계로 넘어가고 많은 숙제가 주어지다 보니 F양이 정신을 차리기 힘들었습니다. 대형 학원의 경우는 일반적으로 진도가 빨라 연산 교

재로 충분히 연산 선행을 하지 않으면 우수한 학생이라도 수업을 못 따라가는 경우가 생기곤 합니다.

F양에게 중1-1 연산 교재를 시키며, 새로운 언어에 익숙해질 시간을 줬습니다. 그리고 오답 정리까지 꼼꼼히 시키며 중1-1 과정 개념을 진행했습니다. F양은 중1-1에서 배우는 새로운 용어와 정수, 유리수, 연산, 문자와 식 등이 익숙해지니 중1-2 과정뿐만 아니라 이후 중등 과정을 무난하게 소화했고, 중3 때 고2 과정까지 끝내는 저력을 보였습니다. 이렇듯 독서를 통한 언어 능력이 우수한데 중등 수학을 힘들어하는 경우는 연산 문제일 가능성이 높습니다. 그런 학생은 연산 교재부터 차근차근 시키면 수학의 걸림돌을 쉽게 극복합니다.

중2 G군

언어 능력(중), 학습 능력(중), 성실성(하), 4등급 예상

G군은 중2 때 처음 만났습니다. 상담을 해 보니 초등학교 때부터 과외를 꾸준히 했습니다. 선행 진도도 빠르고 심화도 많이 했는데 입학 테스트부터 점수가 좋지 않았습니다. 이전 과외 선생님과 고등 과정을 나가고 있어서, 학원에서도 고등 과정을 진행했습니다.

어느 날 G군 어머니께 전화를 받았습니다. G군이 숙제를 너무 빨리 끝내고 게임을 하니 숙제를 많이 내주라는 것이었습니다. 그러나 학원에서 내준 숙제는 제대로 하려면 3~4시간은 걸릴 분량이었습니다. 그런데 G군은 30분 정도면 숙제를 끝낸다는 것이었습니다.

숙제 과정을 확인해 보고, G군에게 숙제로 해 온 문제를 다시 풀

어 보라고 시켰습니다. G군은 제대로 푸는 문제가 없었습니다. 결국 G군과의 상담을 통해 지금까지 숙제를 베껴서 진도가 빨랐고 심화도 많이 했다는 것을 알게 됐습니다. 실제 학교 시험에서도 고등학교 상대평가로 환산했을 때 4등급 정도의 점수를 받았습니다.

정말 놀라운 것은 과외를 하는 3년 동안 과외 선생님을 속였다는 것이고, 일대일로 과외를 하는 선생님도 숙제 베끼는 것을 몰랐다는 점입니다.

3년 동안 숙제를 베껴서 한 G군을 교정하는 것은 만만치 않았습니다. 일단 어디까지 학습이 제대로 되었는지 판단하기가 힘들었습니다. 더욱이 과외로만 수업을 해서 G군은 수동적인 학습에 길들여져서 생각하는 법을 전혀 모르고 있었습니다. 개념을 배우면 그것이 왜 성립하는지 생각할 줄 몰랐고, 조금만 몰라도 바로 질문하곤 했습니다. G군은 중등 심화를 에이급 수학까지 진행했으나 실제로 확인해 보니 쎈수학도 제대로 못 풀었습니다. 모든 학습이 거짓이었던 것입니다.

가장 먼저 시작한 것은 머릿속에 개념을 저장시키는 연습이었습니다. 개념을 나갈 때마다 시간이 걸리더라도 누적 개념 테스트를 봤습니다. 앞에서 소개했듯이 1단원 개념 테스트를 본 후 2단원 개념을 나갈 때 1단원과 2단원 개념 테스트를 같이 봤습니다. 개념 테스트를 제대로 못 보면 다시 개념을 복습시키고 개념 테스트를 봤습니다.

그리고 오답 정리를 반복해서 많이 시켰습니다. 숙제를 베껴서 하는 것을 방지하기 위해 모든 문제를 노트에 풀게 시켰고, 오답 정리가 마무리된 후 맞힌 문제와 틀린 문제 중에서 중요한 문제는 해설지 필사를 시켰습니다. 해설지를 필사한 문제는 집에서 부모님에게 설명하도록 시켰습니다. 이런 방식으로 하니 진도는 매우 느려졌지만, 학원에서 보는 테스트 점수는 점점 올라갔습니다.

과외의 단점은 가르쳐 주기 방식으로 학생들의 학습 능력을 높이지 못한다는 것입니다. 아이는 모르는 개념이 있을 때마다 과외 선생님에게 질문하면서 개념을 자기 머릿속에 저장하거나 어려운 개념을 스스로 이해하려는 노력을 하지 않습니다. 모르는 문제의 경우도 오랫동안 생각하려 하지 않고, 바로 과외 선생님에게 질문하고 풀이를 듣고 넘어갑니다. 따라서 과외를 할 때는 반드시 관리가 결합된 방식으로 해야 합니다. 아이의 학습 능력을 높여 주는 과외를 선택해야 합니다.

고1 E양

언어 능력(상), 학습 능력(상), 성실성(상), 특목고 4등급

E양은 일반 중학교에서 전교 1등을 하고 특목고에 입학했습니다. 모든 면에서 성실하고 뛰어났지만 수학 내신만큼은 4등급을 받았습니다. 물론 일반고였다면 1등급이었을 수도 있습니다. 고1 2학기에 처음 만나 E양의 문제점을 점검했습니다. E양은 선행도 빠르고 심화도 많이 했지만, 평소 너무 많은 학습량으로 복습과 오답 정리를 거의 하지 못하고 있었습니다.

E양의 학습을 교정하기 위해서 평소 풀던 교재의 양을 대폭 줄이

고, 틀린 문제는 3~5번 정도 복습과 오답 정리를 할 수 있도록 학습량을 조정했습니다. 즉 평소 문제집 3권을 풀던 시간에 문제집 1권을 풀게 하고 오답 정리를 여러 번 하게 했습니다.

수학은 정확히 모르면 단 한 문제도 못 푸는 과목입니다. 따라서 정확히 알아야 합니다. 정확히 알기 위해서는 백지에 틀린 문제들을 풀이가 기억나지 않을 때쯤 다시 푸는 행위를 여러 번 하는 것이 최고의 방법입니다. E양에게 부족한 것이 그것이었고, 집중적으로 그 부분만 연습시켰습니다. 아울러 틀린 문제와 유사 유형의 문제를 만들어서 반복 연습시켰습니다. 6개월의 교정 기간을 거치고 E양은 특목고에서 수학 1등급을 받게 되었습니다.

중등 수학 심화 도전기

개념과 유형까지 극복을 하면 심화 단계가 있습니다. 중등 시기에는 심화에 도전해서 정복하는 것이 만만치 않습니다. 초등 시기보다 시간도 부족하고, 고등을 준비하면서 선행도 신경 써야 하기에 심화에 많은 시간을 쏟는 것이 부담스럽습니다. 그래서 대부분의 학생은 심화를 포기합니다.

그런데 심화를 포기하면 중등까지는 절대 평가라서 어느 정도 성적은 나올 수 있지만, 고등부터는 3~4등급이 한계인 경우가 많습니다. 고등은 상대평가이므로 변별력을 위한 고난도 문제를 출제하기 때문입니다. 따라서 중등 수학에서 심화에 도전하고 극복한 경험은 고등 수학에서 1~2등급을 받기 위해 꼭 필요한 활동이라고 할 수 있습니다.

다음 글들은 제가 운영하는 비대면 수업에 참여하여 심화에 도전하고 극복한 경험담입니다. 대부분 학원을 많이 다니지 않은 평범한 학생들이 심화에 도전해서 힘겹게 극복한 경험이라 많은 도움이 될 것입니다. 심화를 쉽게 할 수 있는 방법은 없습니다. 그냥 꾸준히 노력해서 포기하지 않고 극복하는 것뿐입니다.

소심한 성격을 지닌 여학생의 블랙라벨 도전기

제 아이는 소심한 성격의 6학년 여아입니다. 뭐든 100% 확신이 서지 않으면 나서지를 않아요. 그래서 발표도 불편해합니다. 틀리면 창피할까 봐 질문도 하지 못합니다. 다른 친구들은 아는데 나만 모르는 걸까 봐서요. 그래서 수학 학원을 못 보냈습니다.

그렇게 소심한 성격인데도 성취욕은 큽니다. 모르는 문제를 "엄마가 설명해 줄게." 그러면, 일단은 "내가 혼자 해 볼게."라는 말이 먼저 나옵니다. 그렇게 해서 풀리면 다행인데, 안 풀리면 혼자 끙끙대다가 책상에서 소리 없이 울고 있습니다. 참 답답하고 안쓰러운 성격입니다.

혼자 아이를 가르치면서 가끔씩은 버거웠던 터라 '수학 선생님의 도움을 받아 보자.'라는 마음으로 수업에 참여하게 되었습니다. 우려했던 것과 달리 순조롭게, 스텝3(블랙라벨에서 가장 어려운 파트)도 크게 힘들지 않게 한 단원 한 단원 앞으로 나아갔습니다. 위기는 '일차방정식 활용'에서 생겼습니다. 스텝2에서 진행이 안되니 아이가 심적으로 너무 힘들어했습니다. 그래도 아이가 포기하겠다는 말은 하지 않아 고마웠습니다. 아이는 "포기하기엔 그 동안 숙제한 게 아깝다."고 했습니다.

처음 시작할 때부터 블랙라벨 스텝2와 스텝3 문제 풀이를 객관식이든 단답형이든 전부 서술형으로 풀게 시켰습니다. 모든 문제를 서술형으로 풀고, 주말에 숙제를 업로드하면 스스로 뿌듯해했고, 내심 마지막에 상을 탈 수 있을 거라는 기대도 있었습니다. 자신의 노력을 인정받고 싶고, 인정받을 수 있을 거라는 기대가 공부하는 원동력 중 하나였습니다.

그렇게 공들인 시간이었기에 일차방정식에서 포기할 수는 없었습니다. 그래서 늦더라도 쉬운 것부터 다시 다져 보자는 마음으로 쎈B를 다시 복습하고 블랙라벨로 돌아왔습니다. 사실 특별한 노하우는 없었습니다. 그냥 아이가 포기하지 않도록 힘을 북돋워 주고 약간의 유인책(?)을 쓰면서 스스로 해내기를 기다렸습니다.

제 아이는 개념 강의만 듣고 선생님이 풀어 주는 문제 풀이 영상은 보지 않았습니다. 문제 풀이 영상은 제가 봤습니다. 제가 스텝2와 스텝3을 먼저 풀어 보고, 까다로운 몇몇 문제는 선생님 풀이 영상으로 확인했습니다. 그리고 아이가 모르는 문제에 대해 질문을 하면 제가 조금씩 힌트를 주며 문제를 풀도록 했습니다.

스텝2와 스텝3 문제는 모두 서술형 답안이었기 때문에 숙제 검사가 쉽지는 않았습니다. 한 줄 한 줄 풀이 과정을 체크해야 해서 시간이 많이 걸렸습니다. 신기하게도 과정은 틀렸는데 (이상한 방법으로) 답은 맞힌 문제 풀이가 있었습니다. 그래서 그런 걸 놓치지 않고 수정하는 과정이 필요했습니다. 문제를 미리 풀고, 몇몇 영상도 보고, 채점까지 하려면 제가 하는 시간 투자도 만만치 않았습니다.

그래도 아이가 노력하니 엄마도 같이 도와주는 게 맞다고 생각해서 3개월간 열심히 했습니다. 아직은 중등 수학이라 제 능력이 닿는 데까지는 해 주고 싶었습니다. 제가 아이를 끌고 갈 수는 없어도 옆에서 도와줄 수는 있으니까요. 그렇게 3개월간 열심히 달리고 지금은 살랑살랑 부담 없이 개념 원리로 중 1-2학기 공부 중입니다. 그리고 1-2학기 블랙라벨 수업을 오픈하면 다시 도전해 보려 합니다.

후기를 쓰며 지난 3개월을 되돌아보니 참 잘한 도전이었다 싶습니다. 아이와 저 단둘이서 블랙라벨을 했으면 3개월 만에 마친다는 건 불가능했을 겁니다. 어쩌면 저랑 사이만 나빠지고 수학이 더 싫어졌을지도 모르겠습니다.

학원을 가지 않아도 이 과정을 같이 하는 사람들이 있다는 것, 언제든 질문하면 알려 줄 선생님이 계신다는 게 참 든든하고 좋았습니다. 함께 공부했던 학생들 모두 계속 수학을 놓지 않고 잘 해내기를 기원합니다.

혼공하는 학생의 비대면 수업 블랙라벨 도전기

저는 학원에 다니지 않는 중1 학생입니다. 매우 꼼꼼하고 자기 주도적으로 공부하는 스타일입니다. 스터디 플래너도 꼼꼼히 쓰고 아주 체계적으로 공부합니다. 하지만 문제가 안 풀리면 집중력도 떨어지고 좀 힘들어하는 면이 있습니다. 그래서 일차방정식 활용 때 아주 힘들었습니다.

지금까지 정답률도 매우 높았고, 틀린 것도 잘 고쳐 왔고, 스스로 못 고치는 문제도 2문제 남짓에 불과했습니다. 웬만한 문제는 해설 지를 보면 이해가 갔는데 일차방정식의 활용은 정말 너무 큰 산이었 습니다. 답안지를 아무리 봐도 이해가 안되는 게 많았고, 이해가 되 어도 금방 잊어버리고, 오답 노트마저 너무 어렵고 시간이 많이 걸렸 습니다.

그래도 성취했을 때의 기분을 생각하면서 정말 열심히 복습하고, 하루에 적은 양을 풀더라도 완벽히 풀려고 하고, 오답 노트도 모두 적 었습니다. 많은 양이 아닌 적은 양을 완벽히 공부한 것이 문제점을 극 복하는 데 큰 도움이 되었습니다. 1차로 풀고 고민하고, 2차로 해설 지의 힌트를 보고 푼 후, 3차로 선생님의 해설 영상을 보고, 4차로 저 혼자 오답 노트를 적었습니다. 이렇게 힘들지만 체계적으로 공부를 하니 다 끝냈을 때의 성취감이 엄청났습니다.

저는 하나라도 모르고 넘어가는 것이 없도록 공부를 했습니다. 솔 직히 감으로 그냥 맞힐 수 있는 문제도 많았지만 그럴 때마다 남겨 두 고, 채점할 때 고민해 보고, 안되면 해설지의 풀이를 보았습니다. 틀 린 문제는 오답 노트를 정말 꼼꼼히 썼고, 분석하는 걸 특히 꼼꼼히 했습니다.

선생님의 강의를 들을 때는 선생님이 잘못 말씀하신 걸 꼭 찾아내 고야 말겠다는 생각으로 시청했습니다. 모르는 문제 때문에 볼 때는 끝까지 보지 않고 2단계 힌트까지 얻은 뒤 스스로 해결하고 나서 제 풀이가 맞았는지 확인했는데 이 방법은 정말 큰 도움이 되었습니다. 질문을 많이 한 것도 도움이 되었습니다. 사소한 질문이라도 올려서 궁금증을 해결하면 더 기억에 잘 남았고, 그것을 응용할 수 있는 부분이 정말 많다는 생각이 들었습니다.

류승재 선생의 혼공 방법

저의 학창 시절과 지금 중·고생이 공부하는 환경은 많이 다르지만 공부법은 시대가 다르다고 해서 특별히 다르지 않기에 제가 수학을 혼공했던 경험을 공유하고자 합니다. 여러분이 올바른 수학 공부법을 실천하는 데 도움이 될 것입니다.

초등 시절, 공부를 열심히 하게 된 계기

제가 어렸을 때는 많은 사람이 가난하여 유치원도 다니지 못했고, 지금과 같은 학원도 없었습니다. 학교 수업과 숙제가 공부의 끝이었죠. 저는 심지어 초등학교 1학년 때 몸이 아파 6개월간 학교를 못 가서 한글도 못 뗐습니다. 초등학교 2학년 2학기가 되어서야 한글을 뗐지요.

제가 공부를 열심히 하기 시작한 것은 초등학교 6학년 2학기 때부터입니다. 그 전까지는 공부를 하지도 않았고 제가 공부를 잘할 수 있을 거라고 생각하지도 않았어요. 부모님은 맞벌이로 매일 힘들게 일을 해서 제 공부에 신경 쓰지 못하셨고, 실업계 고등학교에 가서 졸업하면 바로 취업하기를 바랐습니다.

제가 공부를 열심히 하게 된 계기는 큰누나의 꿀밤 때문이었습니다. 6학년 2학기 개학을 하고 며칠 지나서 학교에서는 주요 과목 시험을 본다고 했습니다. 저는 당연히 공부할 생각이 없었지요. 집에서 신나게 TV 만화를 보고 있었어요. 부모님은 일하느라 밤늦게 오시기 때문에 제 마음대로 놀 수 있었거든요.

그 당시 고등학생이던 큰누나가 TV만 보고 있는 저에게 내일 학교 일정에 대해 물어봤습니다. 저는 내일 시험을 보는데 공부하기 싫다고 말했고, 큰누나에게 꿀밤을 맞고는 공부를 해야 했습니다.

교과서와 참고서를 펼치며 숙제가 아닌 공부를 난생처음 하게 됐습니다. 처음에는 누나 때문에 무서워서 어쩔 수 없이 하게 되었는데, 하다 보니 그럭저럭 재미가 있었습니다. 아마 한 번도 공부를 안 하다가 해서 공부의 재미를 처음 느꼈던 것 같습니다.

다음 날 주요 과목(국어, 수학, 사회, 과학) 시험을 봤고, 저는 놀랍게도 반에서 1등을 했습니다. 학교 선생님도 놀라고 친구들도 놀라고 저도 놀랐습니다. 그때 정말 기분이 묘했습니다. 항상 위축돼 있다가 친구들이 저를 우러러봐 주니 마치 제 몸에 한 줄기 빛이 지나간 것처럼 느껴졌습니다.

그때 여러 가지를 깨닫게 됐습니다. '공부, 별것 아니구나.', '나도 하면 되는구나.', '선생님이 다른 시선으로 나를 바라보고, 친구들이

뭔가 우러러보는 느낌이 정말 좋구나.', '나 같은 사람도 친구들한테 부러움을 살 수 있구나.'

그 다음부터는 정말 열심히 공부를 했습니다. 다락방은 어느새 제 공부방이 되었고, 저는 다락방에서 나오지 않았습니다. 친구들 사이에서도 공부 잘하는 아이로 불리기 시작했습니다.

중등 시절, 공부하는 루틴을 만들다

중학교에 입학하니 모든 게 달랐습니다. 저는 중학교 예비고사에서 반 6등을 했습니다. 초등학교 때 나름 공부를 잘한다고 생각했는데 실망스러운 성적이었습니다. 중학교부터는 영어를 배우게 돼서 특히 힘들었습니다. 어떻게 공부해야 할지 몰라 여러 가지 시도를 하며 시행착오를 겪었습니다. 그러다가 영어 공부를 포함해서 모든 공부를 잘할 수 있는 저만의 로드맵을 만들게 되었습니다. 이후 성적은 계속 올라 졸업할 때는 전교 2~3등의 성적이 나왔습니다.

중학교 때 제가 했던 공부 방법은 '예습, 학교 수업, 복습'을 빼먹지 않는 것이었습니다. 주요 과목은 참고서를 구입하고, 암기 과목은 문제집을 구입했습니다. 수업 전날에는 다음 날 수업할 내용을 참고서와 문제집을 이용해서 예습하고, 그 단원 문제의 1/2 정도에 해당하는 개념 문제를 풀었습니다. 나머지 1/2 정도에 해당하는 연습 문제는 수업을 들은 뒤 복습하면서 풀었습니다.

미리 예습을 했기 때문에 수업 시간에 선생님 설명을 놓칠 일이 거의 없었고, 참고서와 문제집에 없는 내용을 선생님이 설명할 때는 꼭 노트나 교과서에 필기를 했습니다. 수업이 끝나고 쉬는 시간에는 방금 수업한 내용에 해당하는 교과서와 필기한 내용을 읽고, 그것이 끝나야 화장실을 가거나 친구들과 놀았습니다.

학교 수업이 끝나면 집에 와서 그날 배운 것을 복습했습니다. 복습할 때는 참고서와 문제집에서 예습 시 풀지 않았던 1/2 정도에 해당하는 단원 정리 연습 문제를 풀었습니다. 이렇게 공부하면 한 단원에 대해 '예습 → 선생님 수업 → 쉬는 시간 복습 → 집에서 복습'의 총 4단계 학습이 이루어져서 학습한 내용이 오랫동안 기억에 남게 될 수밖에 없습니다.

시험 기간이 되면 이미 참고서와 문제집을 다 풀었기 때문에 다른 출판사의 문제집들을 과목별로 구입했습니다. 그리고 이 문제집을 다시 풀면서 복습하고 선생님들이 강조한 내용이나 프린트를 집중해서 공부했습니다.

이렇게 공부하면 보통 평균이 97~98점이 나옵니다. 제가 다니던 중학교는 평균이 98점이 넘으면 전교 1~2등을 했고, 97점대는 돼야 전교 5등 안에 들 수 있었습니다. 그 당시는 한 반 인원이 60~70명이던 시절이라 꽤 치열하게 공부해야 했지요.

고등 시절, 영어와 수학이 어려워지다

고등학교 때도 중학교 때와 똑같이 공부했는데, 영어와 수학은 조금 더 시간을 투자해야 했습니다. 영어와 수학은 중학교 방식으로 하면 내신 점수는 나올 수 있었지만, 대학 입시를 판가름하는 모의고사 점수가 좋지 않았습니다.

그래서 수학은 '기본 정석'과 '실력 정석'을, 영어는 '성문 기본 영어'와 '성문 종합 영어'를 공부했습니다. '정석'과 '성문 영어' 시리즈는 꽤 어렵고 정복하기 힘든 책들이었습니다. 중도에 포기하고 싶은 생각이 들었지만, 방학 때 14~16시간을 공부하면서 많은 학습 시간으로 정복했습니다.

'정석' 시리즈는 오답 정리 위주로 6번 정도 반복해서 공부했고, '성문 영어' 시리즈는 똑같은 책을 3권 사서 모든 문제와 내용을 3번씩 반복했습니다. 이 정도로 공부하기 위해서는 많은 시간과 집중력 있는 학습이 필요했고, 그것을 확보하기 위해서 공부 시간을 최대한 늘렸습니다. 공부할 때는 시험 보기 전날의 집중력으로 몰입해서 공부하는 방법을 연습을 통해 만들었습니다.

이렇게 영어와 수학을 공부해서 잘 안되던 부분을 극복했습니다. 모의고사 문제는 학습지 회사에서 구입하여 매달 모의고사 연습을 했는데, 이후 모의고사 점수도 안정적으로 잘 나오게 되었습니다. 영어는 신기하게도 '성문 기본'과 '성문 종합'을 각각 3권을 사서 풀고 나니 영어 소설도 잘 읽게 됐고, 모의고사도 너무 쉬웠으며, 심지어 작문도 영어 문장이 자동으로 떠올라서 잘하게 되었습니다.

수학 독학하기

초등학교 때는 학교 수업을 듣고 그것을 복습하는 방식으로 했으니 독학이라고 말할 수 없을 것 같습니다. 중학교부터 본격적인 선행을 하면서 독학을 했습니다. 학원은 다니지 않았고요.

다음 학년 교과서를 미리 사서 푸는 방식으로 대략 1년 정도 선행을 했습니다. 현행은 학교 수업을 들으면서 교과서 이외의 문제집들을 풀었습니다. 그 당시에도 난이도별로 문제집들이 분류되어 있어서 지금으로 치면 유형별 교재나 심화 교재에 해당하는 교재들을 구입해서 풀어 보고, 잘 모르는 것은 친구들과 함께 풀거나 해설을 이용했습니다. 3장에서 설명한 수학 공부법에서도 언급했듯이 지우개로 해설을 가리며 한 줄씩 읽으면서 문제 풀이에 대한 아이디어를 얻었습니다.

중학교 수학부터는 교과서로 미리 개념 선행을 했기 때문에 수학 수업을 위한 예습은 따로 하지 않았습니다. 수업을 들으면 쉬는 시간에 교과서를 복습했고, 집에서는 문제집을 풀었습니다.

고등학교 과정부터는 '정석' 시리즈를 이용해서 선행을 했는데, 정말 너무 어려워서 한 페이지 개념을 읽고 이해하는 데 30분이 걸렸고, 연습 문제도 1시간에 2문제밖에 못 풀었습니다. 이것을 극복하기 위해서 공부 시간을 많이 늘렸습니다. 일요일같이 통으로 공부할 수 있는 날에 하루 14시간 공부를 한다면 수학 8시간, 영어 6시간을 투자하며 수학에 많은 시간을 쏟았습니다.

그런데 정말 신기한 것은 이렇게 힘들게 '정석' 한 권을 끝내자 그 다음부터는 속도가 빨라졌습니다. 어려운 '정석'을 스스로 극복하는 과정에서 수학 실력이 급상승한 것이었죠. 이렇게 수학은 실력이 좋아야 잘하는 것이 아니라, 수학을 하다 보면 실력이 느는 것입니다. 이런 경험을 해 보지 못한 사람들은 원래 수학머리가 있어야 수학을 잘한다고 생각합니다. 그러나 저는 이런 경험을 통하여 자신 있게 말할 수 있습니다. 머리가 좋아서 수학을 잘하는 것이 아니라 수학을 열심히 하다 보니 머리가 좋아진다라고요.

구체적인 수학 공부는 이 책에서 서술한 것과 똑같이 했습니다. 그러나 개념 공부를 할 때는 개념 설명과 개념 테스트를 하지 않고 자주 복습하는 방법을 취했습니다. 즉 뇌과학에서 추천하는 방법 중에서 잊어버렸다가 다시 복습하는 방법을 쓴 것이지요.

먼저 개념을 꼼꼼히 노트에 써 가면서 독해하고 문제를 풀었습니다. 문제가 막히면 다시 개념과 유사 유형 문제를 복습하고, 막힌 문제를 다시 풀었습니다. 이러면서 자연스럽게 개념을 잊어버렸다가 복습하면서 장기기억에 저장했습니다. 어려운 문제는 해설을 한 줄씩 읽으며 풀었습니다.

모든 과정이 마무리되면 해설지 독해를 통해 정확한 방법을 익혔습니다. 즉 문제를 푸는 과정에서 개념을 여러 번 복습하는 방식으로 공부한 셈이지요. 사실 해설지 독해도 개념 복습에 해당한다고 볼 수 있습니다. 특히 해설지 독해는 혼공하는 학생들이 이상한 방법으로 문제 푸는 것을 막고, 정확한 풀이법(정석)을 익히는 데 도움을 줍니다.

한 번 틀린 문제들은 매주 토요일에 오답 정리하는 시간을 갖고 다시 풀었습니다. 오답 정리하는 데는 대략 3~6시간 정도 걸렸습니다. 일주일간 나온 오답을 정리하려면 시간이 이렇게 오래 걸리는 것이 정상입니다. 이때 한 번에 못 풀고 또 해설을 참조한 문제는 다음 주 오답 정리하는 시간에 누적해서 풀었습니다.

이런 식으로 하니 총 6주 연속 못 푸는 문제도 나왔습니다. 이렇듯 수학은 한 번 내 힘으로 못 푼 문제는 계속 못 풀게 되어 있습니다. 이 것을 극복하는 유일한 방법은 무한 오답 정리를 통해 풀이 자체를 몸 속에 체화시키는 것밖에 없습니다.

하루에 14~16시간 공부하며 집중력을 유지한 방법

처음부터 14~16시간 식으로 공부를 많이 하지는 않았습니다. 중 학교 때부터 꾸준히 시간을 늘리고 공부하는 습관을 만들다 보니 고 등학교 때부터는 그렇게 공부하는 것이 가능해졌습니다. 공부는 의 지보다 습관이 중요합니다. 그러니 장기적인 계획을 가지고 조금씩 습관을 만들어 보세요.

저는 장시간 공부할 때 집중력을 갖기 위해서 시간 단위로 학습량 을 짰습니다. 이렇게 공부하면 시간마다 끝내야 할 학습량이 있어서 장시간 공부할 때 집중력을 높여 줍니다.

시간	학습량
7~8시	수학 문제집 12~16쪽
8~9시	영어 문제집 22~28쪽
9~10시	국어 문제집 30~35쪽

계획을 짜서 공부하는 것은 여러모로 도움이 됩니다. 매 시간 공부 에 집중하게 만들어 주기도 하지만 일단위/주단위/월단위/년단위 계획은 장기적인 로드맵을 만들어 주어 작은 것에 일희일비하지 않 고 꾸준히 공부할 수 있는 힘을 주기도 합니다. 시험을 조금 못 봐도 슬럼프에 빠지지 않게 해 주고, 계획하에 쉴 수 있게 해 주어 죄책감

없이 편안하게 휴식할 수 있습니다.

수학 시험공부 방법

사실 수학 시험공부는 딱히 하지 않았습니다. 평상시에 많은 시간을 투자해서 수학 공부를 했기 때문에 시험 기간이 되면 평소에 하지 못한 암기 과목에 시간을 많이 투자했습니다. 수학은 평상시에 어려운 문제집과 교과서, 학교 프린트를 꾸준히 풀어서 시험 보기 전 2주 정도는 공부를 하지 않아도 항상 점수를 잘 받을 수 있었습니다. 수학은 암기 과목이 아니다 보니 한동안 공부를 하지 않더라도 잊어버리거나 못 푸는 것이 거의 없었습니다.

혼공을 한 특별한 이유

제가 학교를 다닐 때는 지금과 같이 한 과목을 직접 교습하는 학원은 허가가 나지 않았습니다. 그래서 학생들은 과외를 하거나 대형 학원의 단과반을 다녔습니다. 과외는 비용이 많이 들었고, 대형 학원 단과반은 버스를 타고 가야 하는 먼 거리에 있었습니다. 더군다나 100여 명 넘는 학생이 수업을 같이 들어서 학습 효과도 떨어졌지요.

그래서 저는 학원을 왔다 갔다 하며 시간을 낭비하느니 그냥 혼자 공부하는 방법을 택했습니다. 혼자 공부해도 할 수 있다는 생각이 들었거든요. 이런 생각을 하게 된 것은 제가 중2 사춘기를 한참 겪던 시기에 생긴 일이 계기가 되었습니다.

좋아하던 여자 수학 선생님에게 혼나고 반항하다가 수업 시간에 쫓

겨났습니다. 저는 선생님에게 복수해야겠다는 생각에 한 달 정도 수업에 들어가지 않고 혼자 공부해서 수학 시험에서 100점을 받았습니다. 나중에 안 사실이지만 수학 선생님은 제가 전학 간 줄 아셨다고 합니다.

수학 선생님은 수업 시간에 제가 반항을 하자 교실에서 나가라고 했는데, 저는 그 시간 말고 그 다음 시간에도 계속 수업에 안 들어간 것이었죠. 어쨌든 그 사건을 통해 '학교에서 굳이 배우지 않고 혼자 공부해도 된다.'는 것을 알게 되었습니다.

혼공의 장점

혼공은 시간이 절약된다는 점이 가장 큰 장점입니다. 내가 공부하는 시간이 그대로 순 공부 시간이 되니까요. 예를 들어 학원에서 배운다면 그 시간을 제외한 추가로 익히고 복습하는 시간이 필요하지요. 그런데 혼공은 배움과 익힘이 일치합니다. 더욱이 혼공을 하면 개념을 자기 주도적이고 적극적인 방법으로 학습하기 때문에 공부한 것이 장기기억에 잘 저장되는 효과가 있습니다. 누군가에게 배우는 것은 수동적인 방식이라 금방 잊어버리게 되니까요.

인생을 살아갈 때도 혼공의 경험은 큰 힘이 됩니다. 역경에 처하면 혼공으로 수학 공부를 하다가 너무 힘들어서 포기하고 싶었던 시절이 생각납니다. 힘들어도 포기하지 않고 할 수 있는 것부터 하나씩 해 나가면서 힘든 공부를 극복했던 힘은 인생에도 똑같이 적용됩니다. 아무리 힘든 일이 생겨도 결국에는 극복할 수 있다는 믿음을 주거든요. 그래서 혼공의 경험은 인생을 살아가는 데 정말 많은 도움을 줍니다.

1. 수학 학원을 활용한 공부법

	강의식 학원	개별 맞춤식 학원
장점	수준별 수업, 충분한 개념 설명·문제 풀이, 경쟁 분위기	학생의 적극적 노력 유도, 맞춤식 수업 가능
단점	개별 관리 부족, 맞춤식 수업 불가	개별 관리 시간 부족, 충분한 설명 부족, 경쟁 구도 없음
선택법	관리가 강한 학원 개별 첨삭 시간이 보장되는 학원 복습을 시키고 테스트를 자주 보는 학원	강사진이 경험 많고 실력이 있는 학원 관리 프로그램이 잘 갖춰진 학원
활용법	예·복습하기, 부족한 부분은 쉬운 개념 교재 풀기 스스로 공부하는 시간 확보하기	성실한 오답 정리 꼼꼼한 자기 주도 학습하기

2. 혼공 수학 공부법

1) 개념 학습

　① 교과서 : 개념 독해 및 노트 정리(노트에 여백을 많이 남겨 추가 필기할 공간 남기기)

　② 인강 → 개념서 → 문제 풀이 → 오답 정리 → 해설지 독해

2) 문제 풀이

개념서 정답률	유형서	유형서 정답률	다음 교재
80~90%	쎈 수학	90% 이상	최상위, 블랙라벨, 에이급 수학
		80%~90%	일품, 최고득점, 최고수준
		80% 미만	최상위 라이트, 우공비Q 발전편
70~80%	알피엠	90% 이상	일품, 최고득점, 최고수준
		80%~90%	쎈 수학, 최상위 라이트, 우공비Q 발전편
		80% 미만	알피엠 2회독
70% 미만	라이트 쎈	90% 이상	쎈 수학, 최상위 라이트, 우공비Q 발전편
		80%~90%	알피엠

① 유형서 모르는 문제 → 개념, 유사 유형 복습 → 해설지 한 줄씩 읽기

② 심화 교재 모르는 문제 → 해당 단원 유형서 복습 후 풀기 → 해당 단원 개념서 복습 후 풀기

3) 복습

① 일주일 중 하루 정해 복습하기

② 개념 복습 : 개념 다시 읽기, 개념 노트 정리

③ 문제 복습 : 다시 풀어 보기, 오답 노트 정리하기

4) 내신 대비

① 8~9월 : 유형별 교재 또는 심화(준심화) 교재 풀기

② 9~10월 : 해당 지역 기출문제 풀기, 교과서·프린트 정리하기, 선생님 강조한 문제 암기

③ 시험 전날 : 교과서·프린트 복습, 기출문제 2년치 시간 재면서 연습, 오답 노트 정독

중·고등 과정에 꼭 필요한
초·중등 필수 수학 개념

중등 과정에 꼭 필요한
초등 수학 개념

　　초등 수학 중 다음에 소개하는 과정이 제대로 학습되지 않으면 중등 수학을 해 나가는 데 어려움을 겪습니다. 특히 연산에서부터 막힐 가능성이 높습니다. 중등 수학을 해 나가는 데 꼭 필요한 초등 수학 개념을 정리했습니다. 단, 중등 수학에서 반복되는 내용은 뺐습니다. 예를 들어 초등 과정의 약수와 배수나 도형은 중등 수학에서 다시 복습되므로 제외했습니다.

수와 연산

중등 연계(중1-1 수와 연산, 중2-1 식의 계산)

자연수의 혼합 계산(초5-1)

덧셈, 뺄셈, 곱셈, 나눗셈이 섞여 있는 식 계산하기

곱셈과 나눗셈을 먼저 계산합니다. ( )가 있는 식에서는 ( ) 안을 먼저 계산합니다.

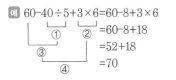

예
$$60-40\div5+3\times6=60-8+3\times6$$
$$=60-8+18$$
$$=52+18$$
$$=70$$

$$60-40\div(5+3)\times6=60-40\div8\times6$$
$$=60-5\times6$$
$$=60-30$$
$$=30$$

분수의 덧셈과 뺄셈(초5-1)

| 방법1 | 분모의 최소공배수를 공통분모로 통분

예
$$\frac{5}{6}+\frac{3}{4}=\frac{5\times2}{6\times2}+\frac{3\times3}{4\times3}$$
$$=\frac{10}{12}+\frac{9}{12}=\frac{19}{12}$$

$$\frac{5}{6}-\frac{3}{4}=\frac{5\times2}{6\times2}-\frac{3\times3}{4\times3}$$
$$=\frac{10}{12}-\frac{9}{12}=\frac{1}{12}$$

| 방법2 | 분모의 곱을 공통분모로 통분

예
$$\frac{5}{6}+\frac{3}{4}=\frac{(5\times4)+(3\times6)}{6\times4}=\frac{38}{24}=\frac{19}{12}$$

$$\frac{5}{6}-\frac{3}{4}=\frac{(5\times4)-(3\times6)}{6\times4}=\frac{2}{24}=\frac{1}{12}$$

분수의 곱셈(초5-2)

① (자연수)×(분수) 또는 (분수)×(자연수) : 자연수를 분자에 곱한다.

예 $3 \times \dfrac{1}{5} = \dfrac{3 \times 1}{5}$, $\dfrac{2}{5} \times 3 = \dfrac{3 \times 2}{5}$

② (분수)×(분수) : 분모끼리 곱하고, 분자끼리 곱한다.

예 $\dfrac{4}{5} \times \dfrac{7}{3} = \dfrac{4 \times 7}{5 \times 3}$, $\dfrac{3}{2} \times \dfrac{7}{5} \times \dfrac{3}{4} = \dfrac{3 \times 7 \times 3}{2 \times 5 \times 4}$

③ 계산 과정에는 약분을 이용한다.

$$\dfrac{5}{8} \times \dfrac{2}{3} \times \dfrac{1}{2} = \dfrac{5 \times 2 \times 1}{8 \times 3 \times 2} = \dfrac{5}{24} \Leftrightarrow \dfrac{5}{8} \times \dfrac{2}{3} \times \dfrac{1}{2} = \dfrac{5}{24}$$

$$\dfrac{5}{8} \times \dfrac{2}{3} \times \dfrac{1}{2} = \dfrac{5 \times 2 \times 1}{8 \times 3 \times 2} = \dfrac{5}{24} \Leftrightarrow \dfrac{5}{8} \times \dfrac{2}{3} \times \dfrac{1}{2} = \dfrac{5}{24}$$

분수의 나눗셈(초6-1/6-2)

역수를 곱한다. 역수란 서로 곱해서 1이 되는 두 수를 뜻한다.

$3 \times \dfrac{1}{3} = 1$이므로 3의 역수는 $\dfrac{1}{3}$이고, $\dfrac{1}{3}$의 역수는 3이다.

$\dfrac{3}{5} \times \dfrac{5}{3} = 1$이므로 $\dfrac{3}{5}$의 역수는 $\dfrac{5}{3}$이고, $\dfrac{5}{3}$의 역수는 $\dfrac{3}{5}$이다.

① 자연수로 나눌 때

$$2 \div 3 = 2 \times \dfrac{1}{3} = \dfrac{2}{3}, \quad \dfrac{3}{5} \div 2 = \dfrac{3}{5} \times \dfrac{1}{2} = \dfrac{3}{10}$$

② 분수로 나눌 때

$$3 \div \dfrac{2}{5} = 3 \times \dfrac{5}{2} = \dfrac{15}{2}, \quad \dfrac{2}{3} \div \dfrac{7}{5} = \dfrac{2}{3} \times \dfrac{5}{7} = \dfrac{10}{21}$$

③ 복잡한 나눗셈

$$\frac{2}{5} \div 2 \div 3 = \frac{2}{5} \times \frac{1}{2} \times \frac{1}{3} = \frac{2}{30} = \frac{1}{15}$$

$$\frac{2}{5} \div (2 \div 3) = \frac{2}{5} \div \frac{2}{3} = \frac{2}{5} \times \frac{3}{2} = \frac{6}{10} = \frac{3}{5}$$

규칙성

중등 연계(중1-1 방정식/좌표평면과 그래프, 중2-1 부등식/연립방정식/함수, 중2-2 도형의 닮음, 확률)

비와 비율(초6-1)

① 비 : 두 수를 나눗셈으로 비교하기 위해 기호 : 을 사용하여

　　□ : △와 같이 나타낸 것 (□를 비교하는 양, △를 기준량)

② 2 : 3을 읽는 법 : 2대3, 2와 3의 비, 2의 3에 대한 비, 3에 대한 2의 비

③ 비율 : 기준량에 대한 비교하는 양의 크기(비의 값)

$$(비율) = (비교하는 양) \div (기준량) = \frac{(비교하는 양)}{(기준량)}$$

　예 3 : 5의 비율 $= \frac{3}{5} = 0.6$

④ 백분율 : 기준량을 100으로 할 때의 비율

⑤ $\frac{2}{5}$ 의 백분율을 구하는 2가지 방법

1) 기준량이 100인 비율로 나타낸다.

$$\frac{2}{5}=\frac{40}{100}=40\%$$

2) 비율에 100을 곱하고 %를 붙인다.

$$\frac{2}{5}\times100=40(\%)$$

⑥ 백분율을 비율로 바꾸는 방법 : %를 없애고, 100으로 나눈다.

예 $40\% = \frac{40}{100} = \frac{2}{5} = 0.4$

비와 비율의 활용(초6-1)

① 속력 : 걸린 시간에 대한 이동 거리의 비율

$$(속력)=\frac{(거리)}{(시간)},\ (거리)=(속력)\times(시간),\ (시간)=\frac{(거리)}{(속력)}$$

② 소금물 농도(백분율) : 소금물의 양에 대한 소금의 비율

기본 공식 : $(농도)=\frac{(소금)}{(소금물)}\times100,\ (소금)=\frac{(농도)}{100}\times(소금물)$

③ 할인율(백분율) : 원가, 정가, 할인가

1) 1000인 빵을 30% 인상 :

$$1000\times(1+\frac{30}{100})=1000\times1.3=1300$$

2) 1000원인 빵을 30% 할인 :

$$1000\times(1-\frac{30}{100})=1000\times0.7=700$$

3) 여러 번 인상 또는 할인

1000원인 빵을 30% 인상 후, 20% 인상 :

$$1000 \times (1 + \frac{30}{100}) \times (1 + \frac{20}{100})$$

1000원인 빵을 30% 할인 후, 30% 할인 :

$$1000 \times (1 - \frac{30}{100}) \times (1 - \frac{20}{100})$$

1000원인 빵을 30% 인상 후, 20% 할인 :

$$1000 \times (1 + \frac{30}{100}) \times (1 - \frac{20}{100})$$

④ 원가/정가/할인가

원가가 1000원인 빵에 20% 이익을 붙여 정가를 정하고 팔다가, 재고가 많아 30% 할인해서 팔았다.

1) 원가 : 1000

2) 정가 : $1000 \times (1 + \frac{20}{100})$

3) 할인가 : $1000 \times (1 + \frac{20}{100}) \times (1 - \frac{30}{100})$

비례식과 비례배분(초6-2)

① 비례식 : 비율이 같은 두 비를 기호 '='를 사용하여 나타낸 식

외항

6 : 4 = 18 : 12

내항

209

1) 비례식의 내항과 외항의 곱은 같다.

2) 곱셈식을 비례식으로 나타내기

$$\square \times 3 = \triangle \times 2 \rightarrow \square : \triangle = 2 : 3 \text{ 또는 } \square : 2 = \triangle : 3$$

3) 나눗셈식을 비례식으로 나타내기

$$\frac{\square}{3} = \frac{\triangle}{2} \rightarrow \square : \triangle = 3 : 2 \text{ 또는 } \square : 3 = \triangle : 2$$

② 비례배분 : 전체를 주어진 비로 배분하는 것

예 20을 3 : 2로 나누기 : $20 \times \dfrac{3}{3+2} = 12,\ 20 \times \dfrac{2}{3+2} = 8$

고등 과정에 꼭 필요한
중등 수학 개념

고등 수학과 수능에 꼭 필요한 중등 수학 개념을 정리했습니다. 단, 고등 수학에서 반복되는 내용은 뺐습니다. 예를 들어 중등 과정의 확률과 통계는 고등 수학에서 다시 복습되므로 제외했습니다. 더불어 지면 관계상 증명이나 원리는 생략하고 개념과 공식 위주로 정리했습니다. 따라서 여기서 소개하는 개념과 공식의 자세한 의미를 알고 싶을 때는 그 파트만 시중 개념서를 활용하여 공부하는 것을 추천합니다.

수와 연산

약수의 개수(중1-1)

$N = a^m \times b^n$ ($a,\ b$는 서로 다른 소수, $m,\ n$은 자연수)으로 소인수분해될 때

$$N\text{의 약수의 개수} = (m+1) \times (n+1)$$

예 $72 = 2^3 \times 3^2$: 72의 약수의 개수 $= (3+1) \times (2+1) = 12$

절댓값(중1-1)

수직선에서 0 과 어떤 수 사이의 거리를 절댓값이라 하고, 기호 $|\ \ |$ 를 사용하여 나타낸다.

-3 의 절댓값 : $|-3| = 3$

$+3$ 의 절댓값 : $|+3| = 3$

순환소수를 분수로 나타내기(중2-1)

$a,\ b,\ c,\ d$가 한 자리 자연수일 때

① $0.\dot{a} = \dfrac{a}{9}$ ② $0.\dot{a}\dot{b} = \dfrac{ab}{99}$ ③ $0.a\dot{b} = \dfrac{ab-a}{90}$

④ $0.a\dot{b}\dot{c} = \dfrac{abc-ab}{900}$ ⑤ $a.b\dot{c}\dot{d} = \dfrac{abcd-ab}{990}$

(단, $ab = 10a+b$, $abc = 100a+10b+c$, $abcd = 1000a+100b$
$+10c+d$)

예 $0.\dot{5} = \dfrac{5}{9}$　　　　　$0.\dot{3}\dot{7} = \dfrac{37}{99}$　　　　　$0.5\dot{2} = \dfrac{52-5}{90}$

$0.2\dot{3}\dot{7} = \dfrac{237-23}{900}$　　$1.2\dot{5}\dot{4} = \dfrac{1254-12}{990}$

지수 법칙(중2-1)

$m,\ n$이 자연수일 때

① $a^m \times a^n = a^{m+n}$　　　　② $a^m \div a^n = a^{m-n}$(단, $a \neq 0$)

③ $\left(a^m\right)^n = a^{mn}$　　　　　④ $(ab)^m = a^m b^m$

⑤ $\left(\dfrac{a}{b}\right)^m = \dfrac{a^m}{b^m}$ (단, $b \neq 0$)

제곱근의 성질(중3-1)

① $(\sqrt{a})^2 = a,\ (-\sqrt{a})^2 = a$

② $a \geq 0\ :\ \sqrt{a^2} = |a| = a$

③ $a < 0\ :\ \sqrt{a^2} = |a| = -a$

④ $a \geq b\ :\ \sqrt{(a-b)^2} = |a-b| = a-b$

⑤ $a < b\ :\ \sqrt{(a-b)^2} = |a-b| = -(a-b)$

제곱근의 계산(중3-1)

① $a > 0,\ b > 0\ :\ \sqrt{a}\,\sqrt{b} = \sqrt{ab}\,,\ \dfrac{\sqrt{a}}{\sqrt{b}} = \sqrt{\dfrac{a}{b}}$

② $a > 0$, $b > 0$: $\sqrt{a^2 b} = a\sqrt{b}$, $\sqrt{\dfrac{a}{b^2}} = \dfrac{\sqrt{a}}{b}$

③ $a > 0$, $b > 0$, $c > 0$ 일 때

1) $\sqrt{a}(\sqrt{b} + \sqrt{c}) = \sqrt{a}\sqrt{b} + \sqrt{a}\sqrt{c} = \sqrt{ab} + \sqrt{ac}$

2) $(\sqrt{a} - \sqrt{b})\sqrt{c} = \sqrt{a}\sqrt{c} - \sqrt{b}\sqrt{c} = \sqrt{ac} - \sqrt{bc}$

④ 분모의 유리화($a > 0$, $b > 0$, $c > 0$)

1) $\dfrac{\sqrt{a} + \sqrt{b}}{\sqrt{c}} = \dfrac{(\sqrt{a} + \sqrt{b}) \times \sqrt{c}}{\sqrt{c} \times \sqrt{c}} = \dfrac{\sqrt{ac} + \sqrt{bc}}{c}$

2) $\dfrac{\sqrt{c}}{\sqrt{a} + \sqrt{b}} = \dfrac{\sqrt{c} \times (\sqrt{a} - \sqrt{b})}{(\sqrt{a} + \sqrt{b})(\sqrt{a} - \sqrt{b})} = \dfrac{\sqrt{ac} - \sqrt{bc}}{a - b}$

문자와 식

다항식(중1-1)

$$\overset{\displaystyle x\text{의 계수}\downarrow}{} \quad \overset{\displaystyle y\text{의 계수}\downarrow}{} \quad \overset{\displaystyle \text{상수항}}{}$$

$$7x - 4y + 2$$

항

① 항 : 수 또는 문자의 곱으로만 이루어진 식

② 상수항 : 문자 없이 수로만 이루어진 항

③ 계수 : 수와 문자의 곱으로 된 항에서 문자에 곱해진 수

④ 다항식 : 한 개의 항 또는 여러 개의 항의 합으로 이루어진 식

예 $3x$, $-4x + 3$, $10x + 8y + 7$

일차식(중1-1)

① 차수 : 어떤 항에서 문자가 곱해진 개수

　　예　$6x^3$의 차수 : 3

② 다항식의 차수 : 다항식에서 차수가 가장 큰 항의 차수

　　예　$-x^2+2x+3$의 차수가 가장 큰 항 : $-x^2$, 다항식의 차수 : 2

방정식(중1-1)

문자의 값에 따라 참이 되기도 하고 거짓이 되기도 하는 등식

예　등식 $2x-1=3$은 x에 대한 방정식이고, $x=2$는 이 방정식의 해이다.

항등식(중1-1)

미지수가 어떤 값을 갖더라도 항상 참이 되는 등식

예　$2x-1=2x-1$은 x가 어떤 값을 갖더라도 항상 참인 항등식

일차방정식(중1-1)

$ax+b=0\,(a\neq0)$ 꼴로 나타나는 방정식

예　$2x-9=-3x+6$

　　　(i) 우변의 $-3x$를 좌변으로, 좌변의 -9를 우변으로 이항한다.

　　　$2x+3x=6+9$

　　　(ii) 양변을 정리하여 $ax=b\,(a\neq0)$ 꼴로 만든다.

　　　$5x=15$

　　　(iii) 양변을 x의 계수로 5로 나눈다.

　　　$x=3$

부등식의 성질(중2-1)

① $a < b$이면 $a + c < b + c$, $a - c < b - c$

② $a < b$, $c > 0$이면 $ac < bc$, $\dfrac{a}{c} < \dfrac{b}{c}$

③ $a < b$, $c < 0$이면 $ac > bc$, $\dfrac{a}{c} > \dfrac{b}{c}$

일차부등식 $ax > b$ 의 풀이(중2-1)

① $a > 0 : x > \dfrac{b}{a}$, $a < 0 : x < \dfrac{b}{a}$

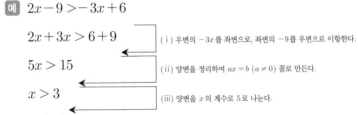

[예] $2x - 9 > -3x + 6$

$2x + 3x > 6 + 9$ ← (i) 우변의 $-3x$를 좌변으로, 좌변의 -9를 우변으로 이항한다.

$5x > 15$ ← (ii) 양변을 정리하여 $ax = b \, (a \neq 0)$ 꼴로 만든다.

$x > 3$ ← (iii) 양변을 x의 계수로 5로 나눈다.

② $a = 0$일 때

$b \geq 0$: 해가 없다. [예] $0 \times x > 3$ 또는 $0 \times x > 0$

$b < 0$: 해가 무수히 많다. [예] $0 \times x > -3$

연립방정식(중2-1)

① 연립방정식 : 두 개 이상의 방정식을 한 쌍으로 묶어서 나타낸 것

순서쌍 (m, n)이 연립방정식 $\begin{cases} ax + by = c & \cdots \; ㉠ \\ a'x + b'y = c' & \cdots \; ㉡ \end{cases}$ 의 해이다.

⇨ $x = m$, $y = n$을 두 일차방정식 ㉠, ㉡에 각각 대입하면 등

식이 성립한다.

② 가감법 : 두 방정식을 변끼리 더하거나 **빼서** 한 미지수를 없앤

후 연립방정식의 해를 구하는 방법

예 연립방정식 $\begin{cases} -4x + 7y = 1 & \cdots ⊙ \\ 3x - 4y = 3 & \cdots ⓛ \end{cases}$ 의 해를 가감법을 이용하

여 구하시오.

[해설] ⊙×3+ⓛ×4를 하면 $5y = 15$ $\therefore$ $y = 3$

$y = 3$을 ⓛ에 대입하면 $3x - 12 = 3$, $3x = 15$ $\therefore$ $x = 5$

③ 대입법 : 어느 한 방정식을 하나의 미지수에 대하여 정리하고,

이를 다른 방정식에 대입하여 해를 구하는 방법

예 연립방정식 $\begin{cases} y = 2x + 2 \\ 5x - 2y = -1 \end{cases}$ 의 해를 대입법을 이용하여 구하

시오.

[해설] $y = 2x + 2$를 $5x - 2y = -1$에 대입하면

$5x - 2(2x + 2) = -1$, $x - 4 = -1$, $x = 3$

$x = 3$을 $y = 2x + 2$에 대입하면 $y = 6 + 2 = 8$

④ $A = B = C$꼴의 방정식

⇨ 다음 세 연립방정식의 해가 같으므로 하나를 선택하여 푼다.

$\begin{cases} A = B \\ A = C \end{cases}$ $\begin{cases} A = B \\ B = C \end{cases}$ $\begin{cases} A = C \\ B = C \end{cases}$

⑤ 해가 특수한 연립방정식

$\begin{cases} ax + by = c \\ a'x + b'y = c' \end{cases}$

1) $\dfrac{a}{a'} = \dfrac{b}{b'} = \dfrac{c}{c'}$ 일 때 $\Rightarrow$ 해가 무수히 많다.

예 $\begin{cases} 2x + 3y = 1 \\ 4x + 6y = 2 \end{cases}$

2) $\dfrac{a}{a'} = \dfrac{b}{b'} \neq \dfrac{c}{c'}$ 일 때 $\Rightarrow$ 해가 없다.

예 $\begin{cases} 2x + 3y = 1 \\ 4x + 6y = 3 \end{cases}$

인수분해(중3-1)

① 인수 : 하나의 다항식을 2개 이상의 단항식이나 다항식의 곱의 꼴로 나타낼 때, 이들 각각의 식을 처음 다항식의 인수라 한다.

② 인수분해 : 하나의 다항식을 2개 이상의 인수의 곱의 꼴로 나타내는 것을 그 다항식을 인수분해한다고 한다.

$$x^2 + 4x + 3 \underset{\text{전개}}{\overset{\text{인수분해}}{\rightleftarrows}} (x+1)(x+3)$$

이차방정식(중3-1)

① 이차방정식

$ax^2 + bx + c = 0$ (단 a, b, c는 상수 $a \neq 0$)

② 인수분해를 이용한 이차방정식 풀기

1) $AB = 0$ 이면 $A = 0$ 또는 $B = 0$

2) $(x+2)(x-1) = 0$ 이면

$x + 2 = 0$ 또는 $x - 1 = 0 \rightarrow x = -2, 1$

③ 근의 공식(유도 과정 이해 및 암기)

$$ax^2 + bx + c = 0 \, (a \neq 0)$$

$$x^2 + \frac{b}{a}x + \frac{c}{a} = 0 \qquad \leftarrow \text{양변을 } x^2\text{의 계수 } a\text{로 나눈다.}$$

$$x^2 + \frac{b}{a}x = -\frac{c}{a} \qquad \leftarrow \text{상수항을 우변으로 이항한다.}$$

$$x^2 + \frac{b}{a}x + \left(\frac{b}{2a}\right)^2 = -\frac{c}{a} + \left(\frac{b}{2a}\right)^2 \quad \leftarrow \text{양변에 } \left(\frac{x\text{의 계수}}{2}\right)^2 \text{을 더한다.}$$

$$\left(x + \frac{b}{2a}\right)^2 = \frac{b^2 - 4ac}{4a^2} \qquad \leftarrow \text{좌변을 완전제곱식으로 고친다.}$$

$$x + \frac{b}{2a} = \pm \frac{\sqrt{b^2 - 4ac}}{2a} \qquad \leftarrow \text{제곱근을 이용한다.}$$

$$\therefore x = \frac{-b \pm \sqrt{b^2 - 4ac}}{2a} \qquad \leftarrow \text{근을 구한다.}$$

함수

함수(중2-1)

① 두 변수 x, y에 대하여 x의 값이 변함에 따라 y의 값이 하나씩 정해지는 두 양 사이의 대응 관계가 있을 때, y를 x에 대한 함수라 하고, 기호로 $y = f(x)$와 같이 나타낸다.

② 함수값 : $y = f(x)$에서 x의 값에 따라 하나씩 정해지는 y의 값 $f(x)$를 x에 대한 함숫값이라고 한다.

예 $f(3)$: $x = 3$일 때의 함숫값, $x = 3$일 때의 y의 값

$y = ax + b(a,\ b$는 상수. $a \neq 0)$와 같이 y가 x의 일차식으로 나타내어지는 함수

① 일차함수 $y = ax + b$의 그래프 : 일차함수 $y = ax$의 그래프를 y축의 방향으로 b만큼 평행이동한 직선

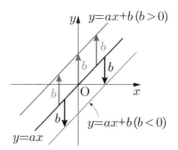

② 일차함수 그래프의 x절편과 y절편

　　1) x절편 : x축과 만나는 점의 x좌표

　　2) y절편 : y축과 만나는 점의 y좌표

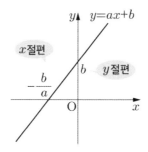

220

③ 일차함수 $y = ax + b$의 기울기 : $\dfrac{(y\text{의 값의 증가량})}{(x\text{의 값의 증가량})} = a$

    1) 일차함수 $y = 3x + 2$의 기울기 : 3

    2) 두 점 $(x_1,\ y_1)$, $(x_2,\ y_2)$를 지나는 일차함수 그래프의 기울

      기 : $\dfrac{y_2 - y_1}{x_2 - x_1}$ (단, $x_1 \neq x_2$)

④ 일차함수 $y = ax + b$ 그래프의 성질

    1) a의 부호 : 그래프의 모양 결정

      $a > 0$일 때 : x의 값이 증가하면 y의 값도 증가, 오른쪽 위

          로 향하는 직선

      $a < 0$일 때 : x의 값이 증가하면 y의 값은 감소, 오른쪽 아

          래로 향하는 직선

    2) b의 부호 : 그래프가 y축과 만나는 부분 결정

      $b > 0$일 때, y축과 양의 부분에서 만난다.

      $b < 0$일 때, y축과 음의 부분에서 만난다.

$a > 0,\ b > 0$	$a > 0,\ b < 0$	$a < 0,\ b > 0$	$a < 0,\ b < 0$
제 1, 2, 3 사분면을 지난다.	제 1, 3, 4 사분면을 지난다.	제 1, 2, 4 사분면을 지난다.	제 2, 3, 4 사분면을 지난다.

3) 기울기가 같은 두 일차함수의 그래프 : $y = ax + b, \ y = ax + c$

$b \neq c$: 두 그래프는 평행, $b = c$: 두 그래프는 일치

일차함수와 일차방정식의 관계(중2-1)

미지수가 2개인 일차방정식 $ax + by + c = 0(a, \ b, \ c$는 상수,

$a \neq 0, \ b \neq 0)$의 그래프는 일차함수 $y = -\dfrac{a}{b}x - \dfrac{c}{b}$의 그래프와 같다.

$$\begin{matrix} ax + by + c = 0 \\ (a \neq 0, \ b \neq 0) \end{matrix} \ \underset{\text{일차방정식}}{\overset{\text{일차함수}}{\rightleftarrows}} \ y = -\dfrac{a}{b}x - \dfrac{c}{b}$$

일차함수의 그래프와 연립일차방정식의 해(중2-1)

연립일차방정식 $\begin{cases} ax + by + c = 0 \\ a'x + b'y + c' = 0 \end{cases}$ 의 해는 두 일차방정식 $ax +$

$by + c = 0, \ a'x + b'y + c' = 0$의 그래프, 즉 두 일차함수의 그래프

의 교점의 좌표와 같다.

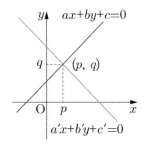

연립방정식의 해 → $x = p, \ y = q$ ⟷ 두 일차함수의 그래프의 교점의 좌표 → $(p, \ q)$

연립방정식 $\begin{cases} ax+by+c=0 \\ a'x+b'y+c'=0 \end{cases}$의 해의 개수는 두 일차방정식

$ax+by+c=0$, $a'x+b'y+c'=0$의 그래프의 교점의 개수와

같다.

두 일차방정식의 그래프	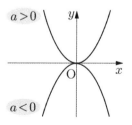		
두 그래프의 위치 관계	한 점에서 만난다.	평행하다.	일치한다.
두 그래프의 교점의 개수	한 개	없다.	무수히 많다.
연립방정식의 해의 개수	한 쌍의 해	해가 없다.	해가 무수히 많다.
기울기와 y절편	기울기가 다르다. $\dfrac{a}{a'} \neq \dfrac{b}{b'}$	기울기는 같고 y절편은 다르다. $\dfrac{a}{a'} = \dfrac{b}{b'} \neq \dfrac{c}{c'}$	기울기와 y절편이 각각 같다. $\dfrac{a}{a'} = \dfrac{b}{b'} = \dfrac{c}{c'}$

이차함수(중3-1)

① $y = ax^2 \ (a \neq 0)$의 그래프

1) 꼭짓점의 좌표 : $(0, \ 0)$
2) 축의 방정식 : $x = 0 \ (y축)$
3) $a > 0$이면 아래로 볼록 ($\cup$의 꼴)
   $a < 0$이면 위로 볼록($\cap$의 꼴)
4) $|a|$의 값이 클수록 y축에 가까워진다.
   (폭이 좁아진다.)

223

② $y = ax^2 + bx + c \ (a \neq 0)$의 그래프(유도 과정 이해와 암기)

$$y = ax^2 + bx + c = a\left(x^2 + \frac{b}{a}x\right) + c$$

$$= a\left(x^2 + \frac{b}{a}x + \left(\frac{b}{2a}\right)^2 - \left(\frac{b}{2a}\right)^2\right) + c$$

$$= a\left(x^2 + \frac{b}{a}x + \left(\frac{b}{2a}\right)^2\right) - \frac{b^2}{4a} + c$$

$$= a\left(x + \frac{b}{2a}\right)^2 - \frac{b^2 - 4ac}{4a}$$

$y = ax^2$의 그래프를

x축의 방향으로 $-\dfrac{b}{2a}$ 만큼,

y축의 방향으로 $-\dfrac{b^2 - 4ac}{4a}$ 만큼

평행 이동한 그래프

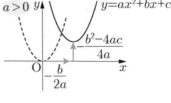

1) 꼭짓점의 좌표 : $\left(-\dfrac{b}{2a}, \ -\dfrac{b^2 - 4ac}{4a}\right)$

2) 축의 방정식 : $x = -\dfrac{b}{2a}$

예 $y = 2x^2 + 4x - 4 = 2\left(x^2 + 2x\right) - 4$

$\qquad = 2(x+1)^2 - 6$

꼭짓점의 좌표 : $(-1, \ -6)$

축의 방정식 : $x = -1$

y축과의 교점의 좌표 : $(0, \ -4)$

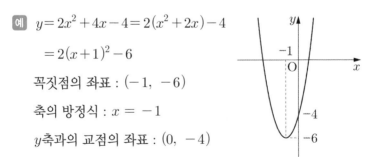

224

③ 이차함수의 식 구하기

1) 꼭짓점의 좌표 $(p,\ q)$가 주어질 때 $\Rightarrow y = a(x-p)^2 + q$
2) 축의 방정식 $x = p$가 주어질 때 $\Rightarrow y = a(x-p)^2 + q$
3) x축과의 두 교점 $(\alpha,\ 0)$, $(\beta,\ 0)$이 주어질 때
    $\Rightarrow y = a(x-\alpha)(x-\beta)$
4) 그래프 위의 세 점이 주어질 때 $\Rightarrow y = ax^2 + bx + c$

④ 이차함수의 계수의 부호 : $y = ax^2 + bx + c\,(a \neq 0)$

1) a의 부호 : 그래프의 모양에 따라 결정
    그래프가 아래로 볼록($\cup$)하면 $a > 0$, 위로 볼록($\cap$)하면 $a < 0$
2) b의 부호 : 축의 위치에 따라 결정(왼같오다, 좌동우이)
    ① 축이 y축의 왼쪽에 있으면 a, b는 서로 같은 부호
    ② 축이 y축의 오른쪽에 있으면 a, b는 서로 다른 부호
3) c의 부호 : y축과의 교점의 위치에 따라 결정
    ① y축과의 교점이 x축의 위쪽에 있으면 $c > 0$
    ② y축과의 교점이 x축의 아래쪽에 있으면 $c < 0$

1)

아래로 볼록 $\Rightarrow a > 0$ 위로 볼록 $\Rightarrow a < 0$

2) 축의 방정식은 $x = -\dfrac{b}{2a}$ 이므로

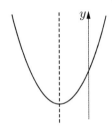 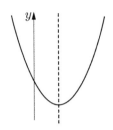

축이 y축의 왼쪽

$\Rightarrow -\dfrac{b}{2a} < 0$

축이 y축의 오른쪽

$\Rightarrow -\dfrac{b}{2a} > 0$

3)

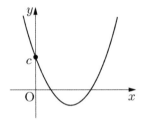 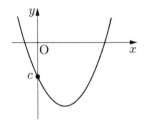

y축과의 교점이 x축의

위쪽

$\Rightarrow c > 0$

y축과의 교점이 x축의

아래쪽

$\Rightarrow c < 0$

⑤ 이차함수 $y = ax^2 + bx + c$의 그래프와 직선 $y = mx + n$의 교점의 좌표

1) 교점의 x좌표 : 이차방정식 $ax^2 + bx + c = mx + n$의 해

$x = \alpha, \quad x = \beta$

2) 교점의 y좌표 : $x = \alpha, \ x = \beta$를 $y = ax^2 + bx + c$ 또는

$y = mx + n$에 대입

예 이차함수 $y = x^2 + 3x + 1$의 그래프와 직선 $y = -x + 6$의

교점의 좌표

$x^2 + 3x + 1 = -x + 6$에서

$x^2 + 4x - 5 = 0, \ (x+5)(x-1) = 0$

$\therefore \quad x = -5$ 또는 $x = 1$

$x = -5$일 때 $y = -(-5) + 6 = 11,$

$x = 1$일 때 $y = -1 + 6 = 5$

교점의 좌표 : $(-5, \ 11), \ (1, \ 5)$

도형

맞꼭지각(중1-2)

맞꼭지각의 크기는 서로 같다. :

$\angle a = \angle c, \ \angle b = \angle d$

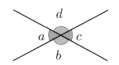

평행선의 성질(중1-2)

평행한 두 직선이 한 직선과 만날 때

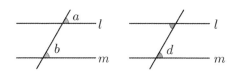

① 동위각의 크기는 같다.

→ $l \mathbin{/\mkern-3mu/} m$이면 $\angle a = \angle b$

② 엇각의 크기는 같다.

→ $l /\!/ m$이면 $\angle c = \angle d$

③ 종이접기

직사각형 모양의 종이를 접으면 접은 각의 크기가 같고, 엇각
의 크기가 같다.

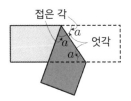

삼각형이 하나로 정해지지 않은 경우(중1-2)

① 가장 긴 변의 길이가 나머지 두 변의 길이의 합보다 크거나 같
은 경우

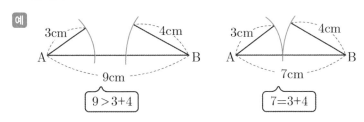

② 두 변의 길이와 그 끼인각이 아닌 다른 한 각의 크기가 주어진 경우

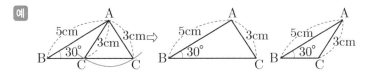

③ 세 각의 크기가 주어진 경우 : 다양한 크기의 삼각형이 그려진다.

예

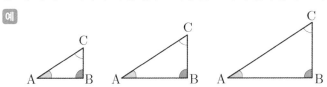

삼각형의 합동 조건(중1-2)

두 삼각형 ABC와 DEF는 다음의 각 경우에 합동이다.

① 세 쌍의 대응변의 길이가 각각 같을 때(SSS 합동)

→ $\overline{AB} = \overline{DE}$, $\overline{BC} = \overline{EF}$, $\overline{AC} = \overline{DF}$

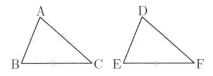

② 두 쌍의 대응변의 길이가 각각 같고, 그 끼인각의 크기가 같을 때(SAS 합동)

→ $\overline{AB} = \overline{DE}$, $\overline{BC} = \overline{EF}$, $\angle B = \angle E$

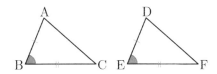

③ 한 쌍의 대응변의 길이가 같고, 그 양 끝 각의 크기가 각각 같을 때(ASA 합동)

→ $\overline{BC} = \overline{EF}$, $\angle B = \angle E$, $\angle C = \angle F$

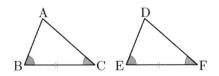

다각형의 대각선 개수(중1-2)

① n각형의 한 꼭짓점에서 그을 수 있는 대각선의 개수 : $n-3$

② n각형의 대각선의 개수 : $\dfrac{n(n-3)}{2}$

원과 부채꼴의 둘레의 길이와 넓이(중1-2)

① 반지름의 길이가 r인 원의 둘레의 길이를 l, 넓이를 S라 하면

$$l = 2\pi r,\ S = \pi r^2$$

② 반지름의 길이가 r, 중심각의 크기가 $x°$인 부채꼴에서

$$\text{호의 길이} = 2\pi r \times \dfrac{x}{360}$$

$$\text{넓이} = \pi r^2 \times \dfrac{x}{360}$$

이등변삼각형의 성질(중2-2)

① 이등변삼각형의 두 밑각의 크기는 같다.

 → $\angle B = \angle C$

② 이등변삼각형의 꼭지각의 이등분선은 밑

변을 수직이등분한다.

 → $\overline{BD} = \overline{CD},\ \overline{AD} \perp \overline{BC}$

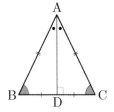

230

① 빗변의 길이와 한 예각의 크기가 각각 같을 때(RHA 합동)

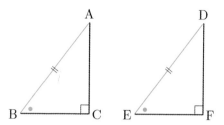

② 빗변의 길이와 다른 한 변의 길이가 각각 같을 때(RHS 합동)

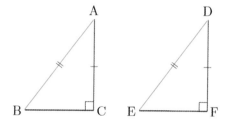

각의 이등분선의 성질(중2-2)

각의 이등분선 위의 임의의 점은 그 각의 두 변에서 같은 거리에 있다.

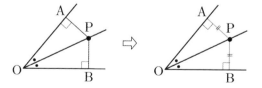

231

삼각형의 외심의 성질(중2-2)

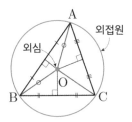

① 삼각형의 세 변의 수직이등분선은 한 점(외심)에서 만난다.

② 삼각형의 외심에서 세 꼭짓점에 이르는 거리는 모두 같다.

→ $\overline{OA} = \overline{OB} = \overline{OC} =$ (외접원 O의 반지름의 길이)

③ 직각삼각형의 외심의 위치 : 빗변의 중점

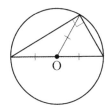

삼각형의 내심의 성질(중2-2)

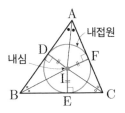

① 삼각형의 세 내각의 이등분선은 한 점(내심)에서 만난다.

② 삼각형의 내심에서 세 변에 이르는 거리는 모두 같다.

→ $\overline{\text{ID}} = \overline{\text{IE}} = \overline{\text{IF}} =$ (내접원 I의 반지름의 길이)

③ $\triangle$ABC의 넓이 $= \dfrac{1}{2} r(\overline{\text{AB}} + \overline{\text{BC}} + \overline{\text{CA}})$

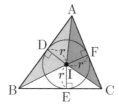

여러 가지 사각형의 성질(중2-2)

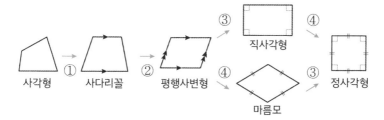

① 한 쌍의 대변이 평행하다.

② 다른 한 쌍의 대변이 평행하다.

③ 한 내각이 직각이거나 두 대각선의 길이가 같다.

④ 이웃하는 두 변의 길이가 같거나 두 대각선은 서로 수직이다.

삼각형의 닮음(중2-2)

① 세 쌍의 대응변의 길이의 비가 같을 때(SSS 닮음)

→ $a : a' = b : b' = c : c'$

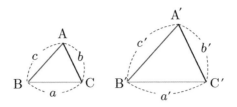

② 두 쌍의 대응변의 길이의 비가 같고 그 끼인 각의 크기가 같을 때(SAS 닮음)

→ $a : a' = c : c'$, $\angle B = \angle B'$

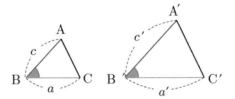

③ 두 쌍의 대응각의 크기가 각각 같을 때(AA 닮음)

→ $\angle A = \angle A'$, $\angle B = \angle B'$

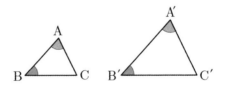

직각삼각형 닮음의 활용(중2-2)

$\angle A = 90°$인 직각삼각형 ABC의 꼭짓점 A에서 빗변 BC에 내린 수선의 발을 H라 할 때

$$\triangle ABC \backsim \triangle HBA \backsim \triangle HAC \text{(AA닮음)}$$

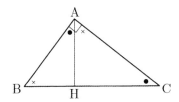

① $\overline{AB}^2 = \overline{BH} \times \overline{BC}$: $\triangle ABC \backsim \triangle HBA$ 에서

$\overline{AB} : \overline{HB} = \overline{BC} : \overline{BA}$

② $\overline{AC}^2 = \overline{CH} \times \overline{CB}$: $\triangle ABC \backsim \triangle HAC$ 에서

$\overline{BC} : \overline{AC} = \overline{AC} : \overline{HC}$

③ $\overline{AH}^2 = \overline{BH} \times \overline{CH}$: $\triangle HBA \backsim \triangle HAC$ 에서

$\overline{BH} : \overline{AH} = \overline{AH} : \overline{CH}$

④ 삼각형 ABC의 넓이$= \dfrac{1}{2} \times \overline{AB} \times \overline{AC} = \dfrac{1}{2} \times \overline{BC} \times \overline{AH}$

➜ $\overline{AB} \times \overline{AC} = \overline{BC} \times \overline{AH}$

꼭지각 이등분선 정리(중2-2)

$\triangle ABC$에서 $\angle A$의 이등분선과 $\overline{BC}$의 교점을 D라 하면

$\overline{AB} : \overline{AC} = \overline{BD} : \overline{CD}$

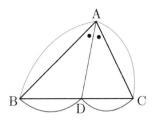

중점 연결 정리(중2-2)

△ABC에서 $\overline{AB}$, $\overline{AC}$의 중점을 각각 M, N이라 하면

$\overline{BC} \parallel \overline{MN}$, $\overline{MN} = \dfrac{1}{2}\overline{BC}$

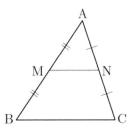

삼각형의 무게중심의 성질(중2-2)

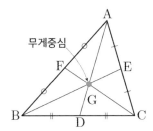

① 삼각형의 세 중선은 한 점(무게중심)에서 만난다.

② 삼각형의 무게중심은 세 중선의 길이를 각 꼭짓점으로부터 각
각 2 : 1 로 나눈다.

   ⇨ △ABC의 무게중심을 G라 하면

     $\overline{AG} : \overline{GD} = \overline{BG} : \overline{GE} = \overline{CG} : \overline{GF} = 2 : 1$

③ △AFG = △BGF = △BDG = △CGD = △CEG = △AGE
   $= \dfrac{1}{6}△ABC$

① 닮은 두 평면도형의 닮음비가 $m : n$일 때

둘레의 길이의 비 ⇨ $m : n$

넓이의 비 ⇨ $m^2 : n^2$

② 닮은 두 입체도형의 닮음비가 $m : n$일 때

겉넓이의 비 ⇨ $m^2 : n^2$

부피의 비 ⇨ $m^3 : n^3$

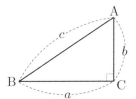

직각삼각형에서 직각을 낀 두 변의 길이를 각각 a, b라 하고 빗변의 길이를 c라 하면 $a^2 + b^2 = c^2$이 성립한다.

① 직각 삼각형에서의 변의 길이

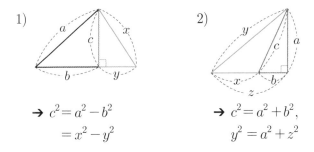

1)

→ $c^2 = a^2 - b^2$
    $= x^2 - y^2$

2)

→ $c^2 = a^2 + b^2$,
    $y^2 = a^2 + z^2$

② 피타고라스 정리의 활용

   1) 두 대각선이 직교하는 사각형의 성질

$$\overline{AB}^2 + \overline{CD}^2 = \overline{BC}^2 + \overline{DA}^2$$

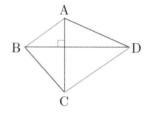

   2) 직사각형 ABCD 내부의 점 P가 있을 때

$$\overline{AP}^2 + \overline{CP}^2 = \overline{BP}^2 + \overline{DP}^2$$

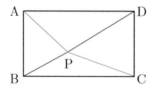

삼각비(중3-2)

① 삼각비의 뜻

   $\angle C = 90°$인 직각삼각형 ABC에서

$$\sin A = \frac{\text{높이}}{\text{빗변의 길이}} = \frac{a}{c}$$

$$\cos A = \frac{\text{밑변의 길이}}{\text{빗변의 길이}} = \frac{b}{c}$$

$$\tan A = \frac{\text{높이}}{\text{밑변의 길이}} = \frac{a}{b}$$

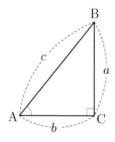

② 특수각의 삼각비의 값

각 삼각비	30°	45°	60°
sin	$\dfrac{1}{2}$	$\dfrac{\sqrt{2}}{2}$	$\dfrac{\sqrt{3}}{2}$
cos	$\dfrac{\sqrt{3}}{2}$	$\dfrac{\sqrt{2}}{2}$	$\dfrac{1}{2}$
tan	$\dfrac{\sqrt{3}}{3}$	1	$\sqrt{3}$

③ 도형의 넓이

삼각형의 넓이

예각 삼각형	둔각 삼각형	정삼각형
$\overline{AH} = c\sin B$ $S = \dfrac{1}{2} \times \overline{BC} \times \overline{AH}$ $= \dfrac{1}{2}ac\sin B$	$\overline{AH} = c\sin(180° - B)$ $S = \dfrac{1}{2} \times \overline{BC} \times \overline{AH}$ $= \dfrac{1}{2}ac\sin(180° - B)$	$h = a\sin 60° = \dfrac{\sqrt{3}}{2}a$ $S = \dfrac{1}{2} \times a \times a \times \sin 60°$ $= \dfrac{\sqrt{3}}{4}a^2$

사각형의 넓이

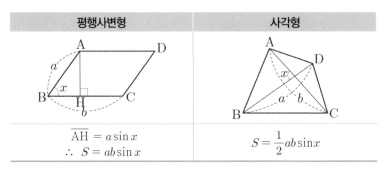

평행사변형	사각형
$\overline{\text{AH}} = a\sin x$ $\therefore\ S = ab\sin x$	$S = \dfrac{1}{2}ab\sin x$

원과 직선(중3-2)

① 현의 수직이등분선 : 원의 중심에서 현에 내린 수선은 그 현을 이등분한다.

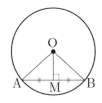

② 원의 접선의 성질

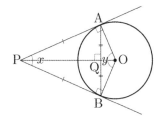

1) 원의 접선은 그 접점을 지나는 반지름과 수직이다. :

$$\overline{PA} \perp \overline{OA}, \ \overline{PB} \perp \overline{OB}$$

2) 원 밖의 한 점 P에서 원 O에 그은 두 접선의 길이는 같다. :

$$\overline{PA} = \overline{PB}$$

3) $\overline{OP} \perp \overline{AB}, \ \overline{AQ} = \overline{BQ}, \ \angle x + \angle y = 180^{\circ}$

③ 삼각형의 내접원

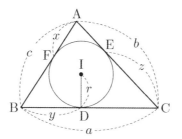

원 I가 △ABC와 세 점 D, E, F에서 접할 때 :

$$c = x + y, \ a = y + z, \ b = x + z$$

원주각과 중심각(중3-2)

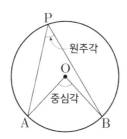

241

① 호에 대한 원주각의 크기는 그 호에 대한 중심각의 크기의 $\dfrac{1}{2}$이다.

② 반원에 대한 원주각의 크기는 90°이다.

원주각과 접현각(중3-2)

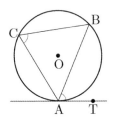

원의 접선과 그 접점을 지나는 현이 이루는 각의 크기는 그 각의 내부에 있는 호에 대한 원주각의 크기와 같다. : ∠TAB = ∠ACB

내접사각형의 성질(중3-2)

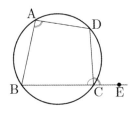

① 한 쌍의 대각의 크기의 합은 180°이다.

　　∠A + ∠BCD = ∠B + ∠D = 180°

② 한 외각의 크기는 그 내대각의 크기와 같다.

　　∠A = ∠DCE

참고 내대각 : 사각형에서 한 외각에 이웃한 내각의 대각

수학 공부법
핵심 정리

올바른
개념 공부법

1) 개념 이해 능력 기르는 활동 3가지

　① 독서하기 : 개념 이해력 및 배경 지식 확장

　② 어휘 및 한자 공부 : 개념 이해력 향상

　③ 글쓰기 : 개념 구조화 능력 향상

2) 수학 개념 공부를 효과적으로 하는 방법

　① 개념서 훑어보기 : 그림 위주로 전체 흐름 잡기

　② 개념서 정독하기 : 소리 내서 읽기 및 중요 내용 필기

　③ 개념 강의 듣기 : 필요할 경우 잠시 멈추고 내용 정리 및 중요 내용 필기

　④ 개념 학습 후 복습하기 : 회상하기, 설명하기

3) 자기 주도적 개념 공부

　① 개념 독학 : 개념을 읽어 가며 이해하기

　② 개념 정리 : 개념 필사 또는 나만의 언어로 개념 정리

4) 깊이 있는 개념 공부를 위한 3가지 활동

① 납득하고 넘어가는 습관 만들기

② 개념의 숨어 있는 의미 찾기

③ 이해가 안되면 교습자나 스스로에게 끝까지 질문하기

5) 개념 정확히 알기 : 장기기억에 저장하기

(1) 회상하기

- 수시로 공부한 내용 적극적으로 떠올리기

- 자기 전에 그날 공부한 내용 떠올리기 : 해마의 기억 삭제 막음

- 하루에 몰아서 공부하지 않고 매일 하기 : 수면을 통한 정보 정리 및 저장
    이용

(2) 설명하기

- 내가 선생님이 된 것처럼 설명하기

- 무언가를 보지 않고 내용을 머릿속에서 떠올리면서 설명하기

- 설명이 부드럽지 않은 부분은 이해하지 못한 부분이므로 복습하기

(3) 개념 테스트

- 개념 학습 후 백지에 배웠던 내용 써 보기

- 백지 테스트 후 개념서와 비교하면서 부족한 부분 고치기

- 일정 시간이 후 답이 완벽해질 때까지 백지 테스트 반복

(4) 휘발성 방지 방법 : 누적 개념 테스트, 누적 설명하기

- 설명하기/개념 테스트 할 때 이전 단원을 누적하는 방식

- 2단원 복습 시 1단원도 함께 복습, 3단원 복습 시 1∼2단원도 함께 복습

올바른
문제 풀이법

1) 개념 교재가 안 풀릴 때

    ① 개념 복습하기 : 강의 다시 듣기, 개념 다시 읽기 또는 개념 필사

    ② 유사 유형 찾아보기 : 유사 유형 풀이 읽기

    ③ 해설지 정독하기 : 해설지를 한 줄씩 읽으며 개념이 어떻게 적용되는지
       정리

2) 유형 교재가 안 풀릴 때

    ① 대표 유형 위 소개념을 읽고 다시 풀기

    ② 해설지 독해 및 분석하기 : 개념을 다양한 문제에 적용되는 법 익히기

    ③ 유사 유형에 적용하기

3) 심화 교재가 안 풀릴 때

    ① 오랫동안 고민하기

    ② 연습장에 개요 작성 및 문제 분석

    ③ 틀려도 일단 시도하기

4) 맞힌 문제와 틀린 문제 해설 분석 및 정리

① 맞힌 문제 중 정확한 방법으로 풀지 못한 것

② 틀린 문제 중 몰라서 틀린 것

5) 오답 정리하는 법 : 풀이가 기억나지 않을 때 다시 풀기

(1) 주기적인 방법

① 일주일 동안 문제를 풀면서 애매하게 맞거나 몰라서 틀린 문제 체크(v)

② 체크한 문제(v)를 질문이나 해설을 통해 이해한 후 다시 풀기

③ 그 주 토요일에 체크한 문제 다시 풀기 → 풀린 문제(ⓥ) 틀린 문제(vv) 표시

④ ①∼②번 반복 후 그 주 토요일에 체크한 문제(v, vv) 다시 풀기 → 틀린 문제(v) 추가

⑤ 위 단계 계속해서 반복

(2) 설명하는 방법 : 오답 정리한 문제를 스스로 혹은 친구에게 설명하기

(3) 오답 노트 작성법 및 활용법

① 해설지를 손이 닿지 않는 곳에 둔다.

② 1일차는 문제만 풀고, 2일차에 채점을 하고 오답 정리를 한다.

③ 정확한 방법으로 풀지 못하거나 몰라서 틀린 문제를 표시한다.

④ 해설지를 보면서 풀지 못한 이유를 정리한다.

⑤ 키포인트나 연결고리를 정리하고 시험 보기 전에 다시 읽는다.

6) 연습장 사용법

(1) 개념 노트

- 노트의 가로 2/3 지점에 세로줄 긋기

- 처음 필기할 때는 넓은 칸에 적기

- 복습할 때는 좁은 칸에 요점 정리하며 적기

(2) 수학 연습장

- 노트의 가로 2/3 지점에 세로줄 긋기

- 넓은 칸에는 문제 분석, 식 등을 써서 체계적으로 문제 풀기
- 좁은 칸에는 단순 계산이나 문제에 대한 아이디어 적기

(3) 추천하지 않는 방법 : 복잡하고 어려운 문제 푸는 데 방해됨
- 문제집에 바로 풀기
- 줄이 있는 노트를 반으로 접어 번호 적고 풀기

7) 문제집 다회독 방법

(1) 모르는 문제 선별

① 문제를 풀면서 맞힌 것(O), 틀린 것(/)을 표시한다.

② 채점 후 틀린 문제를 다시 푼다.

③ 모르는 문제만 남을 때까지 위 과정을 반복한다.

④ 모르는 문제만 남으면 하루 이상 지난 후 해설지 오답 정리를 한다.

(2) 해설지 오답 정리

① 맞힌 문제와 틀린 문제 모두 해설을 확인한다.

② 맞힌 문제는 왜 맞았는지 확인하고, 정확히 푼 것이 아니면 별표 친다.

③ 틀린 문제 중 단순 계산 실수나 문제를 잘못 읽은 것은 세모로 표시한다.

④ 틀린 문제 중 모르는 문제는 해설지를 한 줄씩 읽으면서 다시 푼다.

⑤ 맞힌 것은 별표 치고, 해설지를 봐도 이해되지 않는 부분은 질문을 통해 해결한다.

(3) 1회독 완성

① 해설지 오답 정리 후 하루 이상 지나서 틀린 문제 중 해설을 조금이라도 본 것은 다시 푼다.

② 안 풀리는 문제는 해설지를 한 줄씩 읽으면서 다시 푼다.

③ 다시 해설을 본 문제를 모아 하루 이상 지난 후 위 과정을 반복한다.

(4) n회독

① 1회독으로부터 약 1개월 후 2회독을 진행한다.

② 2회독은 별표 친 문제만 다시 푼다.

③ 풀리는 문제는 별표에 동그라미를 치고, 안 풀리는 문제는 별표를 추가한다.

④ '모르는 문제 선별'부터 '1회독 완성'까지의 과정을 반복한다.
⑤ 위 같은 방식으로 모든 별표에 동그라미가 그려질 때까지 회독을 반복한다.

주기적 인출
연습하기(시험 보기)

1) 개념 테스트

　본문의 개념 테스트 만드는 방법을 참조하여 개념 학습 이후 개념 테스트를
한다.

2) 단원 테스트

　① 문제집의 중단원 테스트를 실제 시험같이 시간을 재서 풀어 본다.
　② 족보닷컴의 단원별 테스트 문제나 학교별 기출문제를 이용한다.

3) 심화 테스트

　심화 교재의 하이레벨 문제를 시간을 재며 풀어 본다.

수학을 못하는
다양한 이유 및 극복 방법

1) 개념 이해를 못하는 경우 : 언어 능력 기르기, 묻고 답하기

2) 개념을 잊어버리는 경우 : 개념 암기하기(회상하기/개념 테스트/설명하기)

3) 개념 오독(정확히 모르는 경우) : 해설지 독해

4) 문제를 찍거나 이상한 방법으로 풀기
　① 교재 정답률과 시험 정답률의 괴리
　② 문제집을 많이 풀어도 점수가 안 나옴
　③ 해설지 필사 및 분석을 통해 정확한 풀이법 익히기

5) 정확히 모르는 경우 : 똑같은 문제집 다회독 및 6회 이상 오답 정리

6) 문제해결력 부족 : 개념서 학습 이후 유형 교재 생략하고 심화 교재 풀기
　기본 개념만으로 심화 문제 푸는 연습을 통해 추론 능력 및 문제해결력 향상

중등 수학 내신
대비 로드맵

수준	3월	4월 1일~20일	4월 20일~시험 보기 전
상위권	1. 선행 진도 나가기 2. 현행 유형별/준심화 　문제집(쎈수학, 일품)	1. 현행 심화 문제집 　(블랙라벨, 에이급) 2. 주3회 기출 테스트	1. 교과서 및 학교 　프린트 복습 2. 매일 기출 테스트
중위권	1. 선행 진도 나가기 2. 현행 유형별 문제집 　(쎈수학, 알피엠)	1. 교과서 및 학교 　프린트 2. 주3회 기출 테스트	1. 시험 공부했던 것 　오답 정리 및 복습 2. 매일 기출 테스트
하위권	1. 선행 진도 나가기 2. 현행 유형별 문제집 　(라이트 쎈)	1. 현행 유형별 문제집 2. 교과서 및 학교 　프린트(라이트 쎈)	1. 시험 공부했던 것 　오답 정리 및 복습 2. 매일 기출 테스트

중·고등 수학
학습 로드맵

1) 수학 선행 로드맵

학년	구분	상위권	중위권	하위권
중1	선행	중3 과정 개념/유형	중2 과정 개념/유형	중1 과정 개념
	현행	중1 과정 심화	중1 과정 준심화	중1 과정 유형
중2	선행	고1 과정 개념/유형	중3 과정 개념/유형	중2 과정 개념
	현행	중2 과정 심화	중2 과정 준심화	중2 과정 유형
중3	선행	고2 과정 개념/유형	고1 과정 개념/유형	중3 과정 개념
	현행	중3 과정 심화	중3 과정 준심화	중3 과정 유형

2) 상위권 수학 로드맵

상위권 수학 선행 순서	교육 과정대로
상위권 수학 선행 교재	개념(1권) + 유형(1권) + 심화(1권)
상위권 현행 복습 교재	준심화(1권) + 심화(1권)

3) 중위권 수학 로드맵

중위권 수학 선행 순서	중1-1 → 중2-1 → 중1-2 → 중2-2 → 중3-1 → 고등 수학(상) → 중 3-2 → 고등 수학(하) → 수1 → 수2
중위권 수학 선행 교재	중등 과정 : 개념(1권) + 유형(1권) 고등 과정 : 기초(1권) + 개념(1권) + 유형(1권)
중위권 현행 복습 교재	유형(1권) + 준심화(1권)

4) 중등 과정 심화 중요도

중2-1 > 중2-2 > 중3-1 > 중3-2 > 중1-1 > 중1-2

5) 중등 과정 단원 중요도

학년	과정	심화 필요성	고등 연계성	수능 연계성
중1-1	소인수분해			
	정수와 유리수			
	문자와 식	O	O	
	좌표평면과 그래프	O	O	
중1-2	기본도형			
	평면도형		O	O
	입체도형			
	통계			
중2-1	수와 식			
	부등식	O	O	
	방정식	O	O	
	함수	O	O	
중2-2	도형의 성질	O	O	O
	도형의 닮음	O	O	O
	확률		O	O
중3-1	실수와 그 계산			
	다항식의 곱셈과 인수분해	O	O	
	이차방정식	O	O	
	이차함수	O	O	
중3-2	삼각비	O	O	O
	원의 성질		O	O
	통계			

6) 중등 교재 난이도별 분류

난이도	개념 교재	유형 교재	심화 교재
극심화			에이급
심화			블랙라벨, 최상위
			일등급 수학, 최고수준
준심화		에이급 원리해설	최고득점, 절대등급, 일품
		쎈수학, 우공비Q 발전편	
응용	숨마쿰라우데	최상위 라이트	
	개념 원리	알피엠	
기본	우공비, 개념+유형 파워	빨리 강해지는 수학	
	신 수학의 바이블	라이트 쎈	
	개념쎈, 풍산자 개념 완성	우공비Q 표준편	
기초	개념+유형 라이트, 체크체크		
	빨리 이해하는 수학	풍산자 반복수학	

7) 수준별 중등 교재 선택법

수준	선행 진도	현행 복습(내신 대비)
상위권	기본(1권), 유형(1권), 심화(1권)	준심화(1권), 심화(1권)
중위권	기본(1권), 유형(1권)	유형(1권), 준심화(1권)
하위권	기초(1권), 기본(2권)	유형(1권)

8) 고등 교재 난이도별 분류

난이도	개념 교재	유형 교재	심화 교재
심화	실력 정석		블랙라벨
		마플 시너지, 자이스토리	일등급 수학
준심화	바이블, 숨마쿰라우데		일품, 올림푸스 고난도
	기본 정석	쎈수학	
응용	마플 교과서	EBS 올림푸스	
		알피엠, 일등급 만들기	
기본	수학의 샘, 개념+유형	내공의 힘, 라이트 쎈	
기초	개념원리, 개념쎈	풍산자 필수 유형	
	개념쎈 라이트, 풍산자		

9) 수준별 고등 교재 선택법

수준	선행 진도	현행 복습(내신 대비)
상위권	개념(1권), 유형(2권), 심화(1권)	유형(1권), 심화(2권)
중위권	개념(2권), 유형(1권)	유형(1권), 준심화(1권)
하위권	연산(1권), 개념(1권)	개념(1권), 유형(1권)

공부 팁

1) 슬럼프 극복 방법

① 규칙적으로 생활하기(특히 규칙적인 수면이 중요)

② 계획표 만들기(1년 → 월간 → 주간 순으로 짜되 뒤로 갈수록 자세하게)

③ 긍정적인 무의식 만들기(긍정적 자기 암시, 성공에 대한 상상, 작은 성공 맛보기 등)

2) 효율적인 암기 방법

① 암기할 내용을 A4용지에 적는다.

② 잘 보이는 곳에 붙이고 수시로 본다.

③ 암기한 것은 따로 보관하고, 새로 암기할 것을 붙인다.

④ 암기할 것이 없다면 이전에 암기한 것을 다시 붙여 암기한다.

3) 공부 습관 만드는 방법

① 일단 3~4시간 앉아서 공부한다. 공부가 힘들어지면 만화책이라도 보면서 시간을 채운다.

② 익숙해지면 만화책 대신 소설책, 필독 독서로 바꿔 읽는다.

③ 익숙해지면 앉아 있는 시간을 점차적으로 10~12시간까지 늘린다.

4) 어려운 문제를 풀다가 막히는 경우

    ① 잠깐 쉬고 다시 풀기

    ② 쉬운 문제 풀고 다시 풀기

    ③ 다른 과목 공부하고 다시 풀기

5) 집중력을 높이는 방법

    ① 공부 외 시간을 낭비하지 말기

    ② 공부와 휴식 잘 배분하기(50분 공부 10분 휴식)

    ③ 집중이 잘 안되는 시간은 단순 암기 과목 공부하기

    ④ 계획표를 작성하여 멍 때리기 방지하기

    ⑤ 잡념이 생긴다면 포스트잇에 적고 흘려보내기

구체적인
실천 방법

1) 학원 이용하기

	강의식 학원	개별 맞춤식 학원
장점	수준별 수업, 충분한 개념 설명·문제 풀이, 경쟁 분위기	학생의 적극적 노력 유도, 맞춤식 수업 가능
단점	개별 관리 부족, 맞춤식 수업 불가	개별 관리 시간 부족, 충분한 설명 부족, 경쟁 구도 없음
선택법	관리가 강한 학원 개별 첨삭 시간이 보장되는 학원 복습을 시키고 테스트를 자주 보는 학원	강사진이 경험 많고 실력이 있는 학원 관리 프로그램이 잘 갖춰진 학원
활용법	예·복습하기, 부족한 부분은 쉬운 개념 교재 풀기 스스로 공부하는 시간 확보하기	성실한 오답 정리 꼼꼼한 자기 주도 학습하기

2) 혼공으로 하기

① 공부 순서 : 인강 → 개념서 → 문제 풀이 → 오답 정리 → 해설지 독해
② 문제 풀이 교재 선택 방법

개념서 정답률	유형서	유형서 정답률	다음 교재
80~90%	쎈 수학	90% 이상	최상위, 블랙라벨, 에이급 수학
	80%~90%	일품, 최고득점, 최고수준	
	80% 미만	최상위 라이트, 우공비Q 발전편	
70~80%	알피엠	90% 이상	일품, 최고득점, 최고수준
	80%~90%	쎈 수학, 최상위 라이트, 우공비Q 발전편	
	80% 미만	알피엠 2회독	
70% 미만	라이트 쎈	90% 이상	쎈 수학, 최상위 라이트, 우공비Q 발전편
	80%~90%	알피엠	

③ 유형서 풀이가 막히는 경우
　- 개념서 다시 읽기
　- 유사한 유형 다시 풀기
　- 해설지를 한 줄씩 읽으면서 풀기
④ 심화 교재 풀이가 막히는 경우
　- 해당 단원 유형서 문제 풀기
　- 해당 단원 개념서 다시 읽기
⑤ 복습
　- 개념 복습 : 개념서 다시 읽기, 개념 노트 만들기
　- 문제 복습 : 틀린 문제 다시 풀기, 오답 노트 만들기

공부를
열심히 하게
만드는 방법

1) 잠을 줄여야 하는가?

　① 충분한 수면이 오히려 공부에 도움이 된다.

　② 자기 전에 복습하고 푹 자야 장기기억 저장에 효과적이다.

　③ 자기 전에 공부한 내용을 백지에 써 보고, 누워서 잠들기 전에 떠올려
　　본다.

2) 공부하기가 너무 싫은 경우

　① 아무리 하기 싫은 일도 20분 후에는 고통스럽지 않다.

　② 일단 자리에 앉아 20분 동안 공부하면서 버티면 더 이상 공부하기가 싫
　　어지지 않는다.

3) 진화론을 통한 인간의 본능 이용하기

　① 공부가 싫도록 진화된 인간 : 익숙한 루틴 만들기

　　뇌를 쓰면 에너지가 많이 소모되기 때문에 인간은 공부하기 싫도록 진화

되었다. 뇌는 안 하던 새로운 것을 할 때 에너지를 많이 쓴다. 따라서 공부가 새롭지 않도록 일정한 시간에 공부하는 습관을 통해 공부의 루틴을 만들면 공부하는 것이 점점 쉬워진다.

② 공부할 수밖에 없는 환경 만들기

집단생활을 했던 인간은 다른 사람의 평판과 눈치를 보도록 진화되었다.

– 도서관이나 학원에 가서 공부한다.

– 경쟁하는 집단에 들어가서 여럿이서 공부한다.

4) 집중력이 떨어지는 경우

① 25분 공부하고 5분 휴식하기 → 50분 공부하고 10분 휴식하기

② 뇌를 휴식시키기

③ 좋은 휴식 : 낙서, 산책, 샤워, 수면, 운동, 가사 없는 음악 듣기, 명상 등

④ 나쁜 휴식 : 게임, 독서, 영화, TV 보기, 친구들과 대화, 집안일 등